O Livro da Magia

para Bruxas e Aprendizes de Feiticeiro

Ulrike Ascher

O Livro da Magia

para Bruxas e Aprendizes de Feiticeiro

Tradução
LUIZ A. DE ARAÚJO

EDITORA PENSAMENTO
São Paulo

Título original: *Das Buch der Magie*.

Copyright © 2002 Scherz Verlag, Berna, Munique, Viena.

Todos os direitos reservados. Nenhuma parte deste livro pode ser reproduzida ou usada de qualquer forma ou por qualquer meio, eletrônico ou mecânico, inclusive fotocópias, gravações ou sistema de armazenamento em banco de dados, sem permissão por escrito, exceto nos casos de trechos curtos citados em resenhas críticas ou artigos de revistas.

Dados Internacionais de Catalogação na Publicação (CIP)
(Câmara Brasileira do Livro, SP, Brasil)

Ascher, Ulrike
   O livro da magia : para bruxas e aprendizes de feiticeiro / Ulrike Ascher ; tradução Luiz A. de Araújo. — São Paulo : Pensamento, 2004.

   Título original: Das Buch der Magie für Hexen und Zauberlehrlinge.
   Bibliografia.
   ISBN 85-315-1366-9

   1. Bruxos 2. Feitiçaria 3. Magia I. Título.

04-6026   CDD-133.43

Índices para catálogo sistemático:

1. Magia e bruxaria : Ocultismo 133.43

O primeiro número à esquerda indica a edição, ou reedição, desta obra. A primeira dezena à direita indica o ano em que esta edição, ou reedição, foi publicada.

Edição	Ano
1-2-3-4-5-6-7-8-9-10-11	04-05-06-07-08-09-10-11

Direitos de tradução para a língua portuguesa
adquiridos com exclusividade pela
EDITORA PENSAMENTO-CULTRIX LTDA.
Rua Dr. Mário Vicente, 368 — 04270-000 — São Paulo, SP
Fone: 6166-9000 — Fax: 6166-9008
E-mail: pensamento@cultrix.com.br
http://www.pensamento-cultrix.com.br
que se reserva a propriedade literária desta tradução.

Impresso em nossas oficinas gráficas.

Para Jule e Niklas,
meus leoninos prediletos.

Índice

Introdução 11
  O que não está neste livro 12

O que é magia? 13
  A magia funciona 15
  Cuidado com a magia 16
  Magia e drogas 18

No que os bruxos acreditam 21
  Qualquer um pode ser bruxo 24

Como contar para os pais 27

Mãos à obra: o ritual básico 31
  Rituais há em toda parte 31
  A preparação 32
  Os pontos cardeais 33
  Relaxar bem 37
  Fechando o círculo mágico 39
  A mão mágica 40
  Atraindo energia 41
  Finalizando o ritual e liberando energia 42
  Aterrar 43
  Abrindo o círculo mágico 44

Depois do ritual 44
Por que a magia nem sempre funciona 47

Equipamento de magia para iniciantes 51
Rituais coloridos 52
As fases mágicas da Lua 53
O hábito faz o monge 54
Anéis e colares 55

A magia elementar 57
Os seres elementares 58
"Cabeça de vento" acena no Leste 60
Círculos de fogo 65
Água, em frente, marche! 67
Despertando a energia da terra 69

O dia-a-dia mágico 73
O oráculo de pedras havaiano 74
A benzedura da casa 75
Proteção mágica contra roubo 77
O feitiço da prosperidade 79

Irmãos e outros espíritos de porco 81
No banheiro, a magia entra primeiro 81
Grande e forte com toranja 83
A lavanda proporciona paz, alegria e panquecas 84
Bichos de estimação & Cia. 85

Escola e outras catástrofes 89
Aprendendo na moleza 89
Proteção contra espírito de porco 95
Os mal-entendidos se dissolvem no limão 98

Do grande amor à dor-de-cotovelo 101
Erva-cidreira embeleza 101
Banho ritual para o grande amor 103

Carregando o quartzo do amor 105
Cornalina dá coragem 106
O amor bem amarrado 107
Plantando flores mágicas do amor 108
Cola mágica para corações partidos 111

Magias medicinais 113
Saúde de pedra 113
Benzedura 117
Magia de emergência 117
Cristal da salvação e o ritual "sem nada" 118

Do ano dos bruxos à hora dos bruxos 121
As festas das estações do ano 121
As festas da Lua 134
Os dias dos bruxos 136
As horas planetárias 140

A antiga religião dos bruxos 141
A deusa e seus companheiros 141
Deuses de toda parte 142

A pequena tabuada dos bruxos 147
Os óleos etéricos (ou essenciais) 147
O altar 150
Os amuletos 151
O livro das sombras 151
As velas 152
Os objetos energéticos 154
A roupa 155
O incenso 155
Os chocalhos 156
Purificação e benzedura de objetos 156
O apanhador de sonhos 158

Conceitos e explicações 159
    Viagens astrais 159
    Aura 159
    Chakras 160
    Seres elementares 161
    Lugar energético 163
    A cruz 163
    A meditação 164
    O pentagrama 164
    O satanismo 165
    Viagens xamanísticas 165
    Visualizar 165

Bibliografia 167

Introdução

Ser capaz de enfeitiçar como Harry Potter! Então era só a gente estalar os dedos para que a tia horrenda saísse voando ou os lordes Voldemort que andam por aí acabassem recebendo o merecido castigo. Pena que não é bem assim que acontece.

Mas o que acontece de fato é a magia cotidiana. Talvez você já tenha visto um duende, ainda que só de relance. Ou adivinhou quem estava ligando antes mesmo de atender o telefone. Ou desejou muito uma coisa qualquer e notou claramente uma forte onda energética saindo de você. Tudo isso tem a ver com magia. E magia, por sua vez, tem a ver com provar, experimentar e divertir-se muito. Ao contrário do que dizem alguns, quem lida com a magia dá muita risada.

Se você, que está lendo este livro, tiver pouca experiência com magia e rituais, vale a pena primeiro ler o próximo capítulo, que é sobre magia, e, a seguir, a Tabuada dos bruxos, a partir da página 147. Assim ficará sabendo do que se trata quando, em um ritual, falarem em círculo mágico, em terra ou espiral energética. Caso já tenha trabalhado com rituais, fique à vontade para começar pelos capítulos que tratam dos temas do seu interesse. Se topar com uma palavra ou conceito que você não conhece, basta procurá-lo no capítulo correspondente. Os rituais são fáceis de reconhecer pela linha ornamental à margem do texto.

Se, por acaso, encontrar uma coisa que, até agora, você fez de modo completamente diferente, dê uma olhada na Tabuada dos bruxos. Pode ser que se trate apenas de outro conceito. Talvez você descubra alguma coisa que lhe agrade mais do que o que tem feito. Mas é claro que também pode conservar o método já conhecido. Simplesmente experimente e decida o que é melhor para você. Quando tiver aprendido bem o básico, poderá executar o ritual sem ter de consultar o livro a toda hora. Fora isso, é claro que você também pode inventar outros rituais, combinar vários entre si, ou adaptar os de outros livros.

O QUE NÃO ESTÁ NESTE LIVRO

Embora se possa aprender muita coisa útil neste livro, garanto que algumas você não vai encontrar nele. Não vai encontrar nenhum feitiço que encante as pessoas ou lhes faça mal. O livro também não dá nenhuma dica de como tirar boas notas sem esforço, ter pais perfeitos ou arranjar amigos leais e dedicados. Se é isso que você procura, então é melhor dar o livro de presente à primeira pessoa que encontrar. E pode fazer a mesma coisa se você não estiver disposto a ter um pouco de trabalho. Este livro não ensina ninguém a ficar deitado no sofá, agitando a varinha de condão para lá e para cá.

Pelo contrário, você vai precisar investir algum tempo e também terá o trabalho de aprender uma coisa ou outra. Sem isso, nada feito. O que você pode aprender aqui é a ter outra visão do mundo. Com a ajuda da magia, vai aprender a moldar a sua própria vida e a assumir a responsabilidade pelo que faz no dia-a-dia. Mesmo que seja impossível fazer com que um trabalho de inglês apareça já escrito de uma hora para outra, o problema de como você lida com isso é exclusivamente seu. Se tirar zero simplesmente porque não estava com vontade de estudar, não se queixe do trabalho, do professor nem da vida. Afinal, é você quem decide com que quantidade de conhecimento vai entrar na classe. Na magia, é a mesma coisa. Se você se aventurar e se empenhar, ela será uma boa amiga que o acompanhará pelo resto da vida e nunca o deixará na mão. E lhe dará oportunidade de descobrir o caminho mágico da felicidade. Depende só de você.

O QUE É MAGIA?

Antes de tudo, magia é apenas energia. A força que você capta nos rituais, amuletos ou rezas não só mantém o Universo inteiro em movimento como é perceptível em toda parte na vida cotidiana. Trata-se da energia que faz com que a gente respire, com que os animais e os vegetais cresçam e com que o Sol brilhe. Por sorte ela existe em grande abundância e dá e sobra para todos: ninguém precisa ter medo de esbanjar essa energia.

Você pode "trabalhar" com ela, quer dizer, pode dirigi-la, enfeixá-la, de modo a favorecer as suas metas. Mas, nesse caso, trabalhar não significa passar horas e horas "camelando" como, por exemplo, na véspera da prova de matemática ou de inglês. Trabalhar significa apenas ocupar-se mais ou menos intensamente dos rituais mágicos. Assim como em tudo na vida, é a prática que transforma o aprendiz em mestre feiticeiro. Quanto maior for a freqüência com que você fizer os exercícios e meditações do livro, tanto mais os conhecerá e tanto mais há de conseguir direcioná-los para os seus próprios temas e necessidades. Quem fica o tempo todo se perguntando se é melhor virar para a direita ou para a esquerda está no caminho errado. Está desperdiçando energia como se tivesse parado de pedalar ao andar de bicicleta.

Até certo ponto, pode-se comparar a energia mágica com a eletricidade. A corrente elétrica da tomada simplesmente flui sem maiores considerações e está aí para ser usada dos mais diversos modos. Com ela, a gente pode ligar o aspirador de pó ou a batedeira de bolo, mas também pode levar um choque terrível se pegar em um fio descoberto sem antes tomar a precaução de tirá-lo da tomada. Ao procurar obter alguma coisa com a ajuda de um ritual mágico, você se atrela aos fluxos energéticos que nos cercam e que também atuam no nosso corpo. Imagine isso como um conjunto de bolhas de energia que nos une a todos. Em primeiro lugar, há as energias simples que nos conservam vivos. Via de regra, elas não vão além do corpo das pessoas, com exceção da aura (veja também p. 159), uma espécie de manto energético que envolve todos os seres vivos. Naturalmente, a sua energia pessoal é apenas uma parte — ainda que muito importante — da grande energia do Universo. Afinal, você se conhece razoavelmente bem e sabe até onde vai a ponta do seu nariz. Mas do Universo não sabe nada. Como essa energia também pode ser perigosa, é bom ter muita cautela ao iniciar um ritual.

Muita gente, das mais diversas culturas, vincula a força que se capta no ritual a uma ou várias divindades ou entidades superiores. Se você quiser trabalhar com a magia, precisa acreditar em uma entidade superior. Mas isso não dá certo para quem acha que, fora ele ou ela, não existe nada nem ninguém importante neste mundo. Neste caso, a pessoa não tem acesso à energia que está fora do seu eu. Se você teve educação cristã, pode chamar as forças do Universo de anjos, santos ou Deus. Caso sua formação seja islâmica ou budista, também encontrará interlocutores adequados nessas religiões. A partir da página 141, você vai encontrar alguns deuses e deusas tradicionalmente ligados à magia.

Seja qual for a idéia que você tem de um ser superior, não se esqueça de que a sua percepção não é a única que existe. A intolerância e a mania de sempre querer ter razão combinam tão pouco com a bruxaria quanto o fanatismo e a violência. Toda fé levada a sério merece respeito. Isso também vale para a sua. Se alguém zombar de você ou o atacar por esse motivo, simplesmente afaste-se desse desmancha-prazeres. Os bruxos não procuram convencer os outros, pois não existe um caminho certo ou errado. Cada qual decide como quer viver, e ninguém tem o direito de julgar isso. A única regra dos bruxos que sempre esteve em vigor diz o seguinte: faça o que quiser, adote a atitude espiritual que bem entender, só não faça mal a ninguém.

A MAGIA FUNCIONA

Muita gente executa rituais mágicos ou coisa que o valha como se fosse uma brincadeira. E, de fato, tem cem por cento de razão no que se refere à sua capacidade de pôr o que quer que seja em movimento com os rituais. Quem está seriamente convencido de que a magia nunca funcionou e nunca funcionará, faz muito bem em ficar longe dela. Quem não acredita em magia não pode trabalhar com ela. Seria mais ou menos como ir à igreja e rezar, mas ficar o tempo todo dizendo para si mesmo que ninguém ouve as suas preces. Quem pensa assim não faz senão perder tempo com orações e rituais mágicos.

Antes de iniciar um ritual, é bom saber exatamente o que você quer pôr em movimento. Com isso, você aciona um desejo, para o qual colhe todo apoio que puder colher. E, já que mobiliza tanta coisa, precisa desejar realmente o resultado. Tudo isso parece muito simples, pois, afinal, quem não quer namorar o príncipe encantado da 9ªB ou até mesmo o vocalista do famoso conjunto de *rock*? Mas, antes de se apressar a fisgar o supergalã ou a *top model* do momento ou simplesmente a tirar dez em matemática sem estudar, pense em como ficaria a sua vida depois de um ritual bem-sucedido.

Suponha que finalmente conquistou o cantor badalado ou a modelo internacional. Ele(a) acaba ficando perdidamente apaixonado(a). E, estando em casa, você o(a) vê na televisão. E ele(a) até telefona de vez em quando, desde que não tenha uma apresentação, um desfile ou algo mais importante para fazer. A maior parte do tempo, você não aproveita essa conquista. Se viajar com ele(a), ficará longe dos amigos, enfrentará muito *stress* e pencas de garotas ou rapazes paquerando o seu amor. Os dois nem podem passear de mãos dadas na rua sem a companhia de um segurança e dos cliques das câmeras. Isso não tem a menor graça, mas foi você quem procurou. Mesmo que se trate apenas do bonitão da 9ªB. Talvez ele seja fanático por futebol, ao passo que você não suporta esse esporte. Ou digamos que conseguiu conquistar a beldade da outra classe, mas agora ela resolveu grudar em você feito uma sombra, e você preferia ir a uma festa.

No caso da prova de matemática, esse problema parece não existir. É tirar dez e pronto, está tudo resolvido. Mas, como vai ser na próxima prova? Afinal, você conseguiu o que queria por um passe de mágica, mas entender, que é bom, não entendeu bulhufas. O seu dilema com as provas de matemática não fará senão aumentar. Mais vale uma mágica que facilite o aprendizado ou alguns exercícios simples de concentração que o ajudem a assimilar os conceitos mais depressa. Com isso, você tem muito mais prazer e muito menos *stress* — e, de quebra, tira notas melhores.

Ou seja, também na magia é preciso ter um pouco de visão. Simplesmente sair enfeitiçando por aí não dá certo. Em um ritual, é raro a gente ter uma visão clara de como a coisa vai se desenvolver. Por isso, convém tomar cuidado inclusive com os desejos e a magia: pode ser que os deuses dêem justamente aquilo que você pediu. E é aí que surge a complicação.

CUIDADO COM A MAGIA

Muitos se assustam quando ouvem alguém dizer que se ocupa seriamente da magia. Acham que tudo o que tem a ver com isso é perigoso. No entanto, a magia é tão perigosa ou inofensiva quanto qualquer outra forma de energia. Observando determinados procedimentos e tratando de não brincar com essa energia, você pode conseguir muita coisa. Mas, se começar a fazer tolices com ela, arrisca-se a queimar os dedos. Afinal de contas, no verão, você não passa horas ao ar livre sem um protetor solar e, se o fizer, não se admira se voltar para casa todo queimado. Quem enfia o dedo na tomada não pode se surpreender se levar um choque. A energia só é perigosa para quem não sabe ao certo o que está fazendo e para que ela serve. E, caso você cometa um erro desses, encontrará no capítulo sobre Magia de emergência (p. 117) algumas dicas capazes de ajudá-lo.

Você certamente já ouviu falar em magia branca 🐈 e em magia negra 🐈. A primeira é a boa, a outra, a ruim. A grande questão é como saber qual é qual. Será que todo feitiço de amor deve ser considerado magia negra simplesmente porque a pessoa está atrás de uma vantagem, ou isso também vale para a magia branca? E, por acaso, quem quer melhorar as notas na escola está pensando só em si?

No começo, qualquer magia é apenas magia — nada tem de bom nem de ruim. Afinal, a eletricidade da tomada, mencionada acima, não é boa nem ruim. Só se eu der um choque proposital em uma pessoa é que não vou poder usar a desculpa de que minha intenção era boa. Portanto, se você empregar a magia para prejudicar alguém, estará utilizando os meios da magia negra, independentemente das suas desculpas e das suas intenções. À parte isso, a grande desvantagem da magia negra é que todo o malefício acaba voltando para a gente. Dependendo da situação, isso não ocorre imediatamente, de modo que a pessoa chega a pensar que não lhe vai acontecer nada. Mas o Universo tem muito fôlego. Tudo o que você envia volta no mínimo triplicado, diz uma regra tradicional das bruxas. Se isso não acontecer imediatamente, o mais provável é que aconteça quando você menos esperar e quando lhe for menos conveniente. Por isso, vale a pena trabalhar só com a magia branca, então os resultados são excelentes não só para os afetados como também para você. E em dose tripla!

Às vezes não é fácil saber se uma coisa é boa ou ruim, pois em geral depende do ponto de vista de cada um. Pode ser que lhe ocorra ajudar uma amiga que está chateadíssima porque brigou com o namorado. Você acha (e provavelmente ela também) que seria muito melhor acabar com essa tristeza dando um jeito para que o garoto volte para ela. Você faz um feitiço para "atraí-lo", e ele acaba voltando de joelhos para a sua amiga. Uma semana depois, ela já está "por aqui" com o namorado, pois ele não pára de declamar frases bobas, fazendo-a passar vergonha na frente dos amigos (coisa que você naturalmente não previu quando fez o ritual mágico). Sua amiga acaba ficando irritada porque o seu feitiço de amor só serviu para criar problemas, muito embora você tivesse as melhores intenções do mundo. Deixe de lado as boas intenções. Pouco importa que você esteja morrendo de vontade de castigar ou ajudar uma pessoa. Não se meta a fazer nenhum ritual se não tiver certeza absoluta de qual vai ser o resultado. A magia não é um restaurante *self-service*, onde cada um se serve do que bem entende. A magia exige muita responsabilidade: antes de tudo consigo mesmo, mas também com aquele para quem você faz o feitiço.

MAGIA E DROGAS

Quem já não ouviu falar do velho *winnetou* (ou pajé) confortavelmente sentado ao pé do fogo, fumando o cachimbo da paz? Ou das histórias dos lendários feiticeiros do bosque, que, depois de beber misturas secretas, conseguem conversar com os espíritos? Também na tradição das bruxas não faltam ungüentos para voar e poções mágicas. Se você estiver disposto a passar trinta ou quarenta anos no Amazonas ou no Novo México, pode ser que acabe aprendendo a lidar com essas substâncias. Caso encontre quem ensine. Para os que preferem ficar por aqui mesmo, é bom saber que a magia não se dá bem com nenhum tipo de droga. Sejam quais forem as que você usar (inclusive as toleradas pela sociedade, como o fumo e o álcool), saiba que elas anulam o seu poder nos rituais e meditações. Enquanto o seu corpo estiver ocupado em eliminar as substâncias tóxicas ingeridas, vai lhe faltar uma parte da energia e da necessária concentração para executar os rituais.

Particularmente grave é o uso de drogas destinadas a ampliar a consciência. Isso pode parecer muito bom, mas não passa de um ledo engano. Imagine se o acordassem no meio da noite e o arrastassem para uma floresta repleta de formas e animais desconhecidos, os quais você não poderia identificar, já que nunca os teria visto. Tampouco conseguiria entender o que eles lhe dissessem, simplesmente porque os ruídos e sons que emitiriam seriam incompreensíveis. E como voltar para casa sem ter ninguém que o levasse de volta?

As drogas que, supostamente, deviam ampliar a sua consciência são justamente as que o levam, digamos, a essa floresta escura, sem que você saiba o caminho para entrar ou sair. No primeiro momento, isso talvez pareça mais fácil do que se dar ao trabalho de experimentar e praticar de fato os rituais. O problema é que, pelo atalho das drogas, a gente nunca sabe aonde vai chegar e, quando finalmente chega, não consegue pôr absolutamente nada em movimento como pretendia. A sua atenção simplesmente deixa de ser espontânea e, nesse caso, é melhor desistir de vez do ritual. Se alguém tentar convencê-lo a experimentar o haxixe, o álcool ou outras drogas, nos rituais e nas experiências afins, alegando que isso vai torná-lo mais exuberante, saiba que essa pessoa simplesmente não tem a menor idéia do que está dizendo.

O melhor é ficar bem longe dela e procurar alguém que queira levar a magia realmente a sério. Ou então execute o seu ritual sozinho. Vale muito mais a pena do que ficar perdendo tempo com os tais "atalhos" que, sem dúvida alguma, não servem senão para levá-lo a um beco sem saída. Na melhor das hipóteses, isso só vai fazer com que você tenha de recomeçar do zero.

Como as drogas — sejam elas quais forem — ficam muito tempo no organismo, é inútil esperar algumas horas. A experiência mostra que um pouquinho de álcool ou uma noitada cheia de fumaça pode lhe custar até um mês para voltar a estar em forma para a magia. Por isso, quem quiser se ocupar seriamente da magia (principalmente os iniciantes), não pode esquecer esta regra: ficar longe das drogas.

Por outro lado, os rituais mágicos permitem viajar e descobrir novos mundos, os quais, normalmente, a gente nem chega a perceber ou só percebe vagamente com a consciência do dia-a-dia. Como em todas as viagens de descoberta, você começa no ponto A e vai se preparando. Quando conhecer bem determinado caminho, envereda pela bifurcação seguinte e assim por diante. Desse modo, você desenvolve uma espécie de mapa mágico: quando eu começo a meditar a partir deste ponto, falo com o meu animal energético aqui e ali. Então, ao fazer esse ritual, posso tornar a perguntar ao meu espírito protetor (que eu já encontrei antes e, por isso, reconheço) se me ocorre mais alguma coisa que talvez eu tenha esquecido. Depois de várias repetições, você se orienta como no sono e recebe cada vez mais poder em seus rituais.

No que os Bruxos Acreditam

A verdade é que os bruxos, em suas crenças, têm apenas uns poucos conceitos básicos em comum, os quais, em compensação, são claríssimos. Nós todos acreditamos que "lá fora" há uma ou várias energias que ultrapassam muito o nosso próprio e pequenino ser. Alguns chamam essa energia de Deus, Cristo e o Espírito Santo, outras a denominam Manitu ou a Grande Deusa. Seja qual for o nome que receba e a língua em que ele é pronunciado, essa energia continua sendo a mesma. Você também pode chamá-la de energia vital, de Universo ou do que quiser.

Muito mais importante do que o nome que se dá a essa energia universal é o modo como a gente lida com ela. Se você quiser ser bruxo ou bruxa, não pode ao mesmo tempo maltratar os animais ou ser satanista. Tampouco pode sair por aí atacando as outras pessoas ou simplesmente tratando-as com desprezo devido à sua fé. Todas as crenças são sagradas para os bruxos.

Um dos princípios fundamentais da fé dos bruxos diz que você pode fazer o que quiser, desde que não prejudique ninguém. Parece simples. Mas, levando-se em conta que, em geral, é só depois de consumado que a gente descobre o mal que causou, a coisa fica um pouco mais complicada. Como regra geral, é bom perguntar, em cada ritual ou frase cabalística, quem vai sair beneficiado ou prejudicado. Aqui a sinceridade é importantíssima. Se você tentar se convencer de que o ritual só pode resultar num grande bem para todos os afetados, de que vai fazer com que aquele casalzinho se separe porque, afinal, eles vivem brigando mesmo, então estará mentindo para si mesmo. À parte algumas exceções, nas quais é difícil saber ao certo quem realmente vai ter vantagem com o feitiço, a gente quase sempre sabe perfeitamente quando se engana. Se uma voz interior lhe cochichar que é melhor desistir de um determinado feitiço, convém dar ouvidos a ela. Isso vale principalmente para as magias destinadas a tirar uma coisa de alguém. Aí entra em cena, uma vez mais, a já citada regra das bruxas, segundo a qual tudo volta triplicado para a gente. Portanto, quem tirar algo de uma pessoa por meio do feitiço, acaba perdendo essa coisa três vezes, não apenas aquilo que você queria obter com o ritual, como, por exemplo, aumentar um pouco o dinheiro no seu bolso. Quem acha que pode ludibriar o Universo não entende nada de magia.

Mas antes que você fique morrendo de medo e acabe desistindo de ser bruxo ou bruxa (a gente nunca sabe), pense simplesmente em empregar em todos os rituais uma das frases cabalísticas mais importantes que existem: *Que seja para o bem de todos*. Ela lhe oferece uma válvula muito segura. Caso você faça um feitiço completamente destrambelhado, os seus protetores no outro mundo se encarregarão de evitar que aconteça o pior.

A propósito do outro mundo 🐾, as bruxas também acreditam nele. Outro mundo é o nome que se dá à realidade invisível, atrás, dentro e ao lado deste mundo que costumamos denominar realidade. Ao executar um ritual, meditar ou empreender uma viagem xamanística (p. 165), você entra em contato com essa parte especial da realidade. Na verdade, o outro mundo está presente, como uma espécie de eco, na própria realidade cotidiana. Como é muito complicado lidar com essa concomitância, os nossos antepassados dividiram o todo em três mundos manejáveis, o que torna bem mais fácil para nós imaginar o outro mundo. Segundo esse modelo, a nossa realidade cotidiana é denominada mundo-do-meio ou simplesmente mundo 🐾. É nele que você executa os seus rituais, pois, afinal, usa objetos reais e se movimenta como você mesmo em torno do círculo mágico.

No mundo de baixo ou submundo 🐾, a gente se locomove principalmente quando está trabalhando xamanisticamente. Lá se encontram os animais de poder, os mestres espirituais e também os anjos da guarda que, por outro lado, também estão principalmente no supramundo ⚇. Como você vê, não é fácil de entender, mesmo que o conjunto tenha sido dividido em três partes. No caso, submundo nada tem a ver com o submundo do crime nem com o mundo subterrâneo (ou Hades) da mitologia grega, mas o nome é esse mesmo. Imagine-o mais ou menos como a raiz de uma árvore gigantesca. Enquanto você observa tranqüilamente as folhas ou trepa num galho, essa raiz lhe leva energias subterrâneas, sendo que você pode percebê-las ou utilizá-las, desde que saiba deslocar corretamente a sua atenção. É como aprender uma língua estrangeira. No começo, são muitas as palavras incompreensíveis, que não lhe dizem quase nada e cuja informação é impossível decifrar. Depois chega o momento em que você passa a compreender o contexto. E, se continuar estudando com empenho, acaba conseguindo se expressar nesse idioma. Ora, se você aprender a comunicar-se com esse mundo encoberto e suas entidades, contará com muitos auxiliares e amigos que lhe darão apoio em seus rituais. Eles não lhe pedem nada em troca, a não ser que você tenha cuidado consigo mesmo e com os outros (inclusive com a Mãe Terra).

No supramundo, como já dissemos, você se encontra com entidades particularmente luminosas: anjos da guarda, deuses ou santos, só para citar umas poucas. No trabalho mágico do dia-a-dia, você se dirige a elas quando precisa de proteção e apoio. Por exemplo, quando quiser fechar o seu círculo mágico (como fazê-lo está na p. 39).

Quem a gente encontra no outro mundo depende, entre outras coisas, do sistema de crenças de cada um. Se você tiver sido criado na China, talvez os elementos apareçam na forma de dragões; se for cristão, budista ou *wicca* (que é uma determinada tendência da fé dos bruxos), será muito mais fácil perceber os sábios e mestres próprios dessas religiões.

No outro mundo — seja no submundo, seja no mundo-do-meio, seja no supramundo —, vigoram regras diferentes das do nosso cotidiano. Enquanto no dia-a-dia a gente consegue avançar com meras insinuações ou abreviações, no outro mundo só se pode falar com as entidades de forma explícita e direta. Qualquer hesitação, qualquer "talvez" ou "se" ou "mas", faz simplesmente com que nada aconteça, pois tudo espera com muita paciência até que você finalmente decida e saiba o que quer. A vantagem disso é que, depois de um ritual, você nunca precisa ficar zangado — a não ser consigo mesmo. Pois só acontece aquilo que você encaminhou inequivocamente.

QUALQUER UM PODE SER BRUXO

Com a magia acontece como com a pintura e o canto. Por mais que você goste de cantar no banheiro, isso não significa que está pronto para ser cantor de ópera. Portanto, como bruxo, não espere superar de cara o mago Merlin, o que, aliás, não tem a menor importância. Se realmente quiser trabalhar com a magia e aprender o que é preciso para o ritual mágico, você não tardará a conseguir muita coisa. Aprenderá sobretudo o que se passa afinal na sua vida. É mais ou menos como olhar para um rio. No começo, a gente só vê água, água, aparentemente igual em toda parte. Com o tempo, começa a perceber onde é mais fundo ou mais raso, mais frio ou mais quente, onde há peixes ou algas. Pois a magia é certamente tão diversificada quanto um rio. E se, num dado momento, você decidir que não gosta tanto assim dos rituais, pode ser que prefira a cartomancia, a astrologia ou o oráculo *I-Ching*. Você pode incluir na sua vida a quantidade de magia que quiser. Não existe uma quantidade prescrita, tampouco há regras que digam com que freqüência você deve celebrar um ritual. Não há mensalidade a pagar nem ninguém que o "autorize" a ser bruxo.

Caso você queira trabalhar em um círculo de bruxos, então, sim, há certas regras. Porém, mesmo essas são flexíveis. Para os jovens bruxos e bruxas, há apenas uma restrição: para trabalhar em um círculo de bruxos é preciso ser adulto. Não é tanto questão de idade, e sim de comportamento pessoal, de responsabilidade. Se você não fizer nenhuma barbaridade com a magia, é bem possível que o aceitem em um círculo de bruxos antes dos dezoito anos de idade. Mas tenha a preocupação de examinar muito bem esse grupo, do mesmo modo como ele o pesquisará dos pés à cabeça. Se quiserem submetê-lo a um teste de coragem ou a qualquer outra coisa que nada tenha a ver com rituais, despeça-se educadamente e vá procurar bruxos de verdade. Não faltam charlatães e gente que simplesmente acha chique vestir-se de preto e assustar os outros com "profecias" confusas e lúgubres. Gente que não tem nada a ver com a magia verdadeira, tanto quanto os que a praticam sem amor no coração.

Os meninos podem ser bruxos tanto quanto as meninas. Podem executar os rituais e fazer feitiços exatamente como elas. O importante é procurarem bruxos ou bruxas adultos que os orientem e aconselhem.

Como Contar para os Pais

Nem pense em aproveitar o gostoso café da manhã de domingo, quando eles estiverem muito tranqüilos e relaxados, para dizer, *en passant*, que agora você resolveu ser bruxo ou bruxa. O mais provável é que isso acabe com a sua carreira de bruxo antes mesmo de ela começar. Durante a conversa, não queira convencer seus pais de que o caminho que você escolheu é o único certo, pois talvez não seja certo para eles. Cada um tem o seu próprio caminho, respeite o dos seus pais, mesmo que não queira segui-lo. Por mais que eles achem difícil respeitar a sua escolha, isso não significa que você não tenha de respeitar a deles.

Para abordar discretamente o tema magia, pergunte, por exemplo, no que eles acreditam, ou então fale nos diversos tipos de energia. Leia um pouco sobre a acupuntura, que hoje é reconhecida (mas não o era há alguns anos) ou, quem sabe, converse sobre os métodos de cura do abade Kneipp (aquele da hidroterapia). Eles oferecem um conhecimento admirável das propriedades medicinais das plantas, as quais a maioria das pessoas ignora. Com tais informações, você fica pelo menos com a vantagem do fator surpresa. E, à parte isso, adquire muitos conhecimentos úteis ao seu trabalho mágico (por exemplo, como incluir as plantas na bruxaria). Ao mesmo tempo, mostra tanta segurança que a primeira reação aos seus propósitos mágicos não será de rejeição total e imediata. Também vale a pena ouvir o que é importante para os seus pais. Na medida do possível, faça um verdadeiro intercâmbio de idéias com eles. Então terá oportunidade de lhes contar como percebe e sente os rituais na igreja ou como gostaria de executá-los, etc.

Não se esqueça de que a reação dos seus pais (tanto se o abraçarem com entusiasmo quanto se caírem desmaiados) vem da preocupação que eles têm com o seu bem-estar. Se eles não conhecerem bem a antiga fé dos bruxos e os rituais mágicos, é bem possível que fiquem com medo por você, pois vão pensar automaticamente em satanistas, em orgias de drogas e por aí afora. Explique-lhes simplesmente que uma coisa não tem nada a ver com a outra e empreste-lhes este livro, por exemplo. Por outro lado, buscar compromissos é sempre uma boa possibilidade. Caso seus pais não gostem muito da idéia de espíritos elementares, experimente entrar em contato com "espíritos" mais tradicionais. Eles correspondem aos quatro pontos cardeais no seu ritual, cada qual a um dos quatro arcanjos. E, em todos os outros rituais e feitiços, você pode trabalhar com anjos. A maioria das pessoas acha a energia angelical uma coisa "boa", e, por outro lado, pouco importa os nomes que você der à energia do Universo.

Se nada disso funcionar e só houver rejeição, então você estará diante de um problema. Executar rituais mágicos secretamente é um bocado difícil e estressante. Além disso, pode levá-lo a ter sérios conflitos com seus pais, coisa que não ajudará em nada a sua atividade mágica. Por outro lado, tampouco é bom simplesmente desistir dessa prática e abandonar de vez os rituais. Você tem o direito de decidir por si só no que acreditar, como acreditar e como ver o mundo. Se a resistência for muito forte, talvez convenha falar com outros adultos mais abertos para essas questões. Explique-lhes a situação e peça-lhes que participem com você de uma conversa com seus pais. Se isso não for possível, o melhor é deixar os rituais mágicos para mais tarde.

Porém, mesmo assim, você pode continuar com as meditações e os exercícios de visualização; também as práticas de proteção ambiental e coisas parecidas são passos importantes no caminho da vida do bruxo. Não podendo praticar "grandes" rituais, pratique, por exemplo, benzeduras na forma de *reiki* e continue colhendo informações sobre os rituais.

Caso você não queira trabalhar exclusivamente com os rituais antigos e se interessar também pela moderna religião dos bruxos, convém informar-se sobre as religiões em geral, particularmente sobre as antigas e a *wicca*. Para tanto, pode pesquisar em livros na *Internet*. Mas eu insisto: não é preciso abraçar uma nova fé para trabalhar com a energia mágica e os rituais.

Mãos à Obra: O Ritual Básico

RITUAIS HÁ EM TODA PARTE

Quando você ouve falar em ritual, é bem possível que imagine roupas esquisitas e cheias de dobras, velas fumegantes ou qualquer outra coisa que lembre Buffy ou as bruxas de Eastwick. No entanto, os rituais são muito mais simples. Nós todos os executamos diariamente. Quem, de manhã, escova os dentes regularmente ou sempre usa a mesma xícara para tomar o chá já está executando o primeiro ritual do dia. Todo ato que se repete com freqüência e transcorre segundo os mesmos padrões (ou segundo padrões muito parecidos) é um ato ritual. A diferença entre um ritual cotidiano, como lavar as mãos antes de comer, e um ritual "de verdade" está no seu enfoque. Com a postura adequada, qualquer ato passa a ser um ritual autêntico. Você pode transformar as coisas mais banais, como escovar os dentes ou lavar as mãos, em um genuíno ritual mágico.

Tomemos por exemplo a lavagem das mãos. Tradicionalmente, o banho faz parte da preparação de qualquer ritual. Ocorre que não é nada prático banhar-se antes de cada ritual, sobretudo quando o resto da família também quer usar o banheiro. Além disso, é possível que você tenha um ritual ao ar livre, e seria difícil imaginá-lo tomando banho em um riacho gelado em pleno inverno. Ou se estiver em um lugar onde não há água (e eu não estou me referindo ao deserto do Saara; mesmo numa floresta não é sempre que a gente encontra água). Portanto, se você for executar um ritual e não quiser tomar banho, saiba que o simples ato de lavar as mãos é uma preparação aceitável. O importante é lidar muito conscientemente com o elemento água (cf. Magia elementar, a partir da p. 57). Se estiver numa floresta, basta levar uma garrafa de água (da qual, em todo caso, você vai acabar precisando no ritual), molhar as mãos e "lavá-las" simbolicamente.

A PREPARAÇÃO

Nada na vida funciona bem se não tiver sido preparado de antemão. De modo que, antes de iniciar um ritual, convém saber exatamente o que se quer. Esse requisito, já mencionado anteriormente, pode parecer uma tolice, mesmo porque você decerto está convencido de que sabe muito bem o que quer. Aliás, é provável que todos os que fizeram grandes besteiras — mesmo involuntariamente — e acabaram em apuros por conta de um ritual, também estivessem convencidos disso.

Para começar a se preparar, trate de eliminar do seu vocabulário a frase "Eu vou ver se dá". E já que fez isso, aproveite para passar um ou dois dias longe dela. Parece fácil, porém é mais difícil do que se imagina. Apenas "ver se dá para fazer" uma coisa geralmente significa não fazer nada. Quando alguém diz que vai ver se dá para lhe telefonar hoje, você já sabe que não haverá telefonema nenhum e nem chega a ficar zangado se acertar na previsão. Na magia também é assim. Ao tentar pôr uma coisa magicamente em movimento, trazemos conosco todas as dúvidas e restrições que tem. Então a energia mágica se perde, e não se obtém o que se queria obter. Quando você estiver refletindo sobre o que quer exatamente, fique no simples "sim" ou "não" com relação à coisa: nada de enrolar.

Se o seu enfoque interior estiver bem claro e você souber perfeitamente do que se trata, então sim, pode se dedicar inteiramente ao ritual. Pode, por exemplo, tomar o banho de que já falamos, inclusive com ervas benéficas para o ritual. Caso não goste de banho de imersão ou a sua casa não tenha banheira, o chuveiro também serve. Neste caso, ou você dispensa as ervas, ou simplesmente as esfrega no corpo. Se nada disso for possível, pelo menos lave as mãos antes de iniciar o ritual. Afinal, não é questão de ficar limpo, trata-se de um gesto simbólico.

Quando estiver tomando banho de imersão, de chuveiro, ou apenas lavando as mãos, faça com que a água leve embora tudo quanto você tiver trazido do dia-a-dia. Faça com que isso saia pela ponta dos dedos, pela sola dos pés, ou simplesmente escorra pelo corpo. Se não houver uma gota de água, não faz mal, você pode simplesmente visualizar essa lavagem (a p. 165 informa como isso funciona e como praticá-lo). Deixe a água escorrer pelo seu corpo em pensamento e, no mais, aja como se ela existisse de verdade.

Feito isso, pode usar uma determinada camiseta ou uma calça para o ritual. É mais ou menos como quando se vai à discoteca ou ao teatro. Se puser uma roupa diferente da que costuma usar, o astral muda. E esse astral, esse estado de espírito o ajuda a se concentrar mais na magia. Se preferir vestir roupa de bruxo ou bruxa, tome cuidado ao fazer o feitiço, para não esbarrar em uma vela e acabar pegando fogo. As queimaduras atrapalham muito, e, com toda a certeza, seus pais e as outras pessoas que participam da sua vida não vão gostar da história.

Do mesmo modo como se prepara, você pode preparar o seu lugar energético (p. 163). Tire o pó dos utensílios mágicos, se for preciso. Complemente-os com os objetos necessários ao ritual escolhido. Mesmo que a preparação dure alguns dias, não há problema. Pode levar semanas ou até meses para que você sinta que chegou a hora e que já providenciou todo o necessário. Não existe um momento totalmente certo ou errado para um ritual, assim como não há ocasiões mais ou menos propícias para um determinado propósito. O decisivo é estar realmente comprometido com a coisa. Como se orientar pelo horário do planeta, pelas fases da Lua e congêneres, você encontra pelo nome a partir da página 121.

OS PONTOS CARDEAIS

Seja qual for o ritual, o modelo básico é sempre o mesmo. A gente começa por montar tudo em um círculo mágico. Você pode guardar em seu lugar energético os objetos necessários ao círculo mágico.

Este o ajuda não só a concentrar totalmente a energia no ritual como também a tirar força de outras "reservas". Por exemplo, ao executar um ritual com determinado elemento, você multiplica no círculo a energia solicitada por esse elemento. Ao mesmo tempo o círculo mágico evita que se trabalhe com energias desnecessárias ao ritual e protege contra influências capazes de desviá-lo, enfraquecê-lo ou afetá-lo de qualquer outro modo. Fechando o círculo mágico no início do ritual, você delimita o espaço em que vai trabalhar. Assim, cria um lugar que, embora esteja firmemente ancorado na realidade cotidiana, tem vínculos com todos os outros planos. Graças aos objetos no círculo mágico (*vide* abaixo), esse vínculo fica ainda mais reforçado.

Basicamente, deve-se fechar o círculo mágico em sentido horário, a começar pelo Leste (tudo que você quiser juntar, fixar e reforçar deve ser no sentido horário). Quando tiver terminado e for reabrir o círculo mágico, faça-o em sentido anti-horário (tudo que for aberto, mandado embora e concluído precisa ir da direita para a esquerda).

Coloque no **Leste** todo o seu material de incenso ou o que você tiver escolhido para o elemento ar. Cuidado para não deixar cair nenhuma fagulha no tapete. O braseiro oferecido pelas lojas esotéricas pode causar danos pequenos e grandes. Quando acesos, expelem fagulhas (isso é normal, nada de pânico) capazes de deixar manchinhas pretas. Portanto, é melhor forrar o chão com um material resistente ao calor e que não seja sensível às faíscas nem à cinza quente. Uma proteção prática é uma travessa ou fôrma de vidro — que não é cara e está à venda em qualquer lugar — cheia de areia. Se quiser, você pode enfeitar o seu incensório com pedrinhas, madeira, plumas ou qualquer outra coisa de que você goste. Mas tenha cautela com o material inflamável. No Leste, invoca-se os protetores ou espíritos, deuses e deusas que têm a ver com o recomeço, o amanhecer, a criatividade, o intercâmbio de idéias. Os seres elementares desse ponto cardeal merecem atenção especial (quem são e como entrar em contato com eles, você descobre a partir da p. 58). São importantíssimos para quem tem em vista alguma coisa que melhore o raciocínio (p. 89) ou deseja resolver facilmente um mal-entendido com um amigo (p. 98).

No **Sul**, acenda uma vela, pois este é o lugar do elemento fogo. Para tanto, não esqueça coisas triviais como fósforos ou um isqueiro. Nada mais chato do que iniciar um ritual e, de repente, ter de interrompê-lo porque esqueceu um pequeno detalhe. À parte isso, é muito importante verificar se, perto das velas (exatamente como no caso do incensório), não há nada que possa pegar fogo. Saiba que é sempre mais seguro executar o ritual ao ar livre. Use lamparinas ou velas com camisa para que não se apaguem quando estiver ventando. E, caso o vento o impeça de acendê-las ao ar livre, simplesmente imagine a chama (vide acima, sobre a visualização da água para o banho ritual). Durante o dia, você pode tomar o brilho do Sol para visualizar o fogo; à noite, a luz das estrelas. O importante é ter a sensação de que a energia do fogo está presente no ritual. Se o executar dentro de casa, é bom fixar na memória onde cada coisa está. Assim, você se sente bem seguro e pode se concentrar exclusivamente no seu desejo e no ritual. As chamas fortes talvez sejam divertidas na fogueira, dentro de casa não, de jeito nenhum. O Sul é particularmente bom para tudo quanto tem a ver com o amor, mas também com a criatividade, as boas idéias e com certos rituais curativos que simplesmente fortalecem a energia vital.

A seguir, no círculo mágico, vem o **Oeste**, que é a morada do elemento água. Tradicionalmente, usa-se um cálice com água fresca, mas nem sempre a gente encontra um cálice à nossa disposição. Tudo bem, você pode arranjar um bonito copo de vinho, ou um copo comum ou qualquer outro recipiente. O importante é que seja de material natural, para que se possa trabalhar com energias bem puras. O material moderno, como o plástico, costuma passar por tantas alterações que sua energia fica muito desgastada, imprestável para os rituais.

Após o ritual, pegue a água a partir do Oeste e derrame-a em um rio ou córrego. Como hoje em dia a maioria dos bruxos e bruxas já não mora em ranchos e cabanas, perto das quais sempre havia um curso de água, é bem possível que o mais próximo da sua casa fique muito longe. Assim, a maioria dos bruxos atuais se contenta em jogar a água do ritual no ralo mesmo; depois é só abrir a torneira e deixar a água correr. No fim tudo vai parar no fluxo hidráulico da terra — ainda que não diretamente.

Por último vem o **Norte**, que no círculo mágico corresponde ao elemento terra. Este é representado por uma pedra. O mais fácil é você arranjar uma quando viajar nas férias. Tanto durante um passeio nas montanhas quanto numa caminhada à beira-mar, não lhe faltará oportunidade de achar uma pedra. Se não quiser pegar uma modesta pedra do campo ou da praia, compre a pedra semipreciosa que lhe agradar em um estabelecimento do ramo (é bastante cara) ou em uma loja de departamentos (costuma ser muito maltratada). Neste caso, pegue-a na mão e pense bem se consegue se imaginar trabalhando com ela. Você pode também enviá-la para casa em pensamento e se perguntar se ela quer ir. É uma ótima maneira de exercitar a atenção e a capacidade de percepção — mesmo que a vendedora faça cara feia. Dificilmente a pedra lhe dirá "sim" ou "não", alto e bom som. É mais provável que você tenha uma sensação vaga na barriga, dizendo se vale a pena ficar com essa pedra. Geralmente, não lhe ocorrerá nenhum motivo lógico pelo qual ficar com esta e não com aquela. Isso não tem a menor importância, afinal você não vai ter de dar explicações a ninguém. Simplesmente confie na sua sensibilidade. Se possível, deixe-se guiar pela primeira impressão e não fique matutando sobre o porquê de estar sentindo uma coisa e não outra.

Há ainda a possibilidade de levar o elemento terra ao círculo mágico num recipiente com areia ou terra. Se usar areia, cuidado para que ela não contenha nenhuma substância adicional, como às vezes acontece. O mesmo vale para as flores ou a terra de jardim. O melhor é pegar a areia ou a terra diretamente na natureza. Mas tome cuidado para não destruir justamente a casa de um lemingue ou de outro roedor. Se tiver utilizado terra do jardim, você pode recolocá-la no lugar após o ritual (não esqueça de agradecer aos espíritos da terra pelo empréstimo!). Se usar uma determinada pedra para simbolizar o elemento terra, pode voltar a usá-la sempre que quiser.

No **Meio** do círculo mágico, é bom colocar uma vela que combine com o conteúdo do seu ritual (veja os rituais isolados). Além disso, ponha aí tudo o que for usar diretamente no ritual feiticeiro, por exemplo, fitas, plumas, pedras, conchas, etc. Caso você possua um objeto mágico especial, como a estatueta de uma deusa ou uma cruz, uma pedra ou um pedaço de madeira incomuns, também é aconselhável colocá-lo no centro. Se gostar de fazer trabalhos manuais, confeccione uma toalha especial sobre a qual pôr os objetos mágicos e, então, utilize-a exclusivamente nos rituais. É sempre bom você mesmo produzir o máximo de objetos possível. Tudo o que é de algum modo trabalhado pelas suas mãos contém um pouco da sua energia e, portanto, já está ligado a você. Além disso, se eles forem utilizados regular e exclusivamente nos rituais, ficarão mais carregados ainda. À parte isso, ajudam-no a entrar no astral mágico adequado. Toda vez que você desembrulhar o seu cálice de água ritual, ele o lembrará de que agora se anuncia um ritual. E, por força do hábito, depois de algum tempo, a sua razão e o seu sentimento se ajustarão automaticamente a isso. De modo que os rituais, as palavras mágicas e coisas semelhantes vão se tornando cada vez mais fáceis.

Se tiver vontade, pode ampliar ainda mais o seu círculo e pedir proteção e reforço aos espíritos e às energias do supramundo. Para tanto, olhe para cima; a seguir, olhando para baixo, peça também a proteção dos espíritos do submundo. Não precisa pensar em nenhuma entidade determinada, basta pedir apoio em geral. Por fim, dirija-se à energia divina que há em você. Toda pessoa — e não só quando está executando um ritual — traz dentro de si um pouco de divindade. Essa chispa vital compartilhada por todos nós é particularmente útil na celebração de um ritual. Mas também está presente quando a pessoa faz uma bobagem ou mesmo quando pratica um ato verdadeiramente maldoso. O vínculo com todas as coisas e com todos os seres não impede que continue existindo gente que se desvincula unicamente para prejudicar os outros. Não faltam motivos para isso, porém o mais importante é saber que um ato que visa causar sofrimento e desgosto nunca é sagrado. Portanto, se você não tiver plena certeza de que não vai prejudicar ninguém com o seu ritual, não o execute. Naturalmente, sempre é possível cometer erros autênticos — afinal, ninguém aprende sem errar —, mas as manipulações e malvadezas intencionais são coisa muito diferente. Elas não combinam com o código de honra dos bruxos e bruxas. E, enfim, quem há de querer receber o mal que fizer multiplicado por três?

RELAXAR BEM

Experimente encolher os ombros, cerrar bem os punhos e rilhar os dentes com toda força. Veja o que acontece. Provavelmente você terá uma sensação nada relaxada, e a energia também não há de fluir em abundância. É mais ou menos como erguer um dique no meio de um rio e querer que a água continue correndo exatamente como antes.

Assim como a água do rio, a energia mágica precisa de um leito livre de barreiras. Estas, no caso, são todos os pensamentos, assim como o nervosismo e a tensão, que levamos conosco. No feitiço, o melhor é estar bem contente e relaxado. Pode ser um pouco difícil ficar contente de uma hora para outra; afinal, quem consegue irradiar bom humor sob comando? Mas relaxar é bem mais fácil. Se você for capaz de se desligar de pronto e acalmar-se, tanto melhor: pode aproveitar imediatamente a tranqüilidade adquirida e iniciar o ritual. Caso não consiga se soltar tão facilmente, veja se os seguintes exercícios o ajudam:

Para ficar bem relaxado, você precisa de um lugar onde ninguém o perturbe. Aliás, durante o tempo todo. Não convém parar, mesmo que por pouco tempo, para tomar um lanche e depois continuar, pois a energia da pessoa se dispersa. Portanto, verifique antes se você tem tempo suficiente. Quando tudo estiver resolvido, trate de se acomodar. Se quiser evitar que o seu pé durma ou que qualquer outra coisa incômoda o distraia, é melhor se deitar.

Feche os olhos e procure sentir como você está por dentro: por dentro do corpo. Seus braços e pernas estão numa posição cômoda? Acaso você precisa de um travesseiro sob a cabeça ou sob as costas? A temperatura está agradável? Verifique o que for preciso até que tudo esteja em ordem, pouco importando se demorar. A seguir, começando pelos pés, procure relaxar conscientemente os músculos. Vá subindo, passe pela barriga da perna, pelos joelhos, pelas coxas, pelos quadris, pela barriga, pelo peito, pelas costas, pelas omoplatas, pelas mãos, pelos braços, pelos ombros (isso mesmo, é melhor fazê-lo em dobro), pelo pescoço, até a cabeça. Em último lugar, relaxe o rosto. Comece pela testa, passe pelos olhos, pelas orelhas, pelas bochechas, pelo nariz, pela boca, pelos maxilares, até o queixo. A seguir, concentre a atenção na respiração. Não a altere, limite-se a observar como você respira. Se, durante todo o procedimento, os pensamentos ficarem correndo em sua mente feito galinhas assustadas, simplesmente observe-os e deixe-os ir embora. No momento, eles não têm importância. O mesmo vale para os ruídos que porventura ouvir. Ouça-os apenas, mas não lhes dê atenção. Eles também não têm a menor importância.

Quando estiver bem relaxado, pode começar a se carregar de energia. Para tanto, volte a usar a respiração. Cada vez que inspirar, imagine-se absorvendo os fluxos sutis de energia da terra, do ar e da luz. Você é uma espécie de bateria armazenando energia para depois liberá-la no ritual. "Carregue-se" quanto quiser. Ao terminar, continue respirando normalmente.

Agora, para executar o ritual, é preciso voltar a estar bem desperto e presente. Para tornar a sair do relaxamento, em primeiro lugar, procure simplesmente pensar na frase: "Eu estou aqui." Se quiser, repita-a várias vezes ao mesmo tempo que move os dedos das mãos e dos pés. Então abra lentamente os olhos. Você está se sentindo tranqüilo e sereno, porém, mesmo assim, completamente desperto e presente. Então pode iniciar o ritual.

Provavelmente você acha que é trabalho demais só para fazer um pequeno ritual. Tem razão. Por isso, vale a pena repetir freqüentemente esse exercício *sem* ritual nenhum, até conseguir relaxar num piscar de olhos. Quando você estiver conseguindo isso em pouco tempo, pode iniciar o ritual imediatamente.

FECHANDO O CÍRCULO MÁGICO

Estando preparado com calma e atenção, chegou a hora de iniciar o ritual em si. Se você estiver bem relaxado, pode fechar o círculo mágico. Para isso, ponha-se no centro dele, com o rosto voltado para o Leste, onde já está o incensório, que agora deve ser aceso. Invoque os guardiães dos pontos cardeais. Escolha as palavras que lhe agradem ou lhe pareçam mais fáceis. A regra é sempre a mesma: quanto mais simples, menos você esquece e menor possibilidade tem de errar.

O mais fácil é dizer algo como: "Guardiães do Leste, eu vos peço proteção para o meu círculo e apoio para o meu trabalho." Pode-se também fazer esse pedido em verso, com rimas, ou adotar a fórmula de outra pessoa. Mesmo que essa frase tão simples pareça não ser lá grande coisa, a vantagem é que dificilmente você cometerá erros. Além disso, uma invocação mais genérica é sempre útil quando a gente não sabe ao certo com quem quer entrar em contato ou não tem uma idéia precisa de quem está diante de nós. Não faz mal, o importante é ter sinceridade no coração. Se quiser, pode fazer o pedido em voz alta ou simplesmente murmurá-lo. Caso isso lhe cause vergonha (por exemplo, quando houver a possibilidade de um curioso estar escutando atrás da porta), faça-o apenas em pensamento.

Agora continue, em sentido horário, voltando-se para o Sul. Acenda aí uma vela e, tal como no Leste, invoque os espíritos do Sul.

No Oeste, toque rapidamente na água. Não é má idéia umedecer a testa, que é onde fica o Terceiro Olho (p. 161). Quando esse centro energético atua com força, a gente consegue perceber mais coisas do que quando simplesmente está vivendo a vida cotidiana.

Em seguida, vire-se para o Norte, onde você já colocou a pedra, a areia, a terra ou qualquer outra coisa do gênero. Segure a pedra e/ou deixe que a areia ou a terra escorra por entre seus dedos e invoque os espíritos do Norte.

Feito isso, torne a girar em sentido horário como se estivesse se dirigindo ao centro do círculo numa trajetória espiralada.

Passe um momento aí, imóvel, tentando sentir o círculo mágico ao seu redor. No caso, não se trata de ver um grande espetáculo pirotécnico; é até bem provável que, no começo, você não sinta nada ou quase nada. Basta tomar consciência de qual é a sua meta. Tradicionalmente, durante o ritual no centro do círculo, olha-se para o Norte.

A MÃO MÁGICA

Quem trabalha com energia — mágica ou não — acaba constatando que tudo funciona melhor com uma mão do que com a outra. Por exemplo, a mão esquerda absorve mais energia quando a gente pega uma pedra. Ou a direita é mais apropriada para enviar energia durante um ritual. Experimente para ver quando é melhor usar a mão direita ou a esquerda. Deixe-se orientar pelo sentimento, pois você é a única pessoa que realmente pode decidir o que funciona melhor.

Na magia, muita coisa depende de a gente virar para um lado ou para outro. Determinada energia (para a direita) leva alguma coisa a você, vincula e fortalece. O sentido anti-horário (para a esquerda) é bom para dissolver, mandar embora e separar. O mesmo vale para as mãos. Uma delas é melhor para absorver energia; e a outra, para mandá-la embora. É fácil testar o que cada uma delas faz melhor. Feche os olhos e estenda-as à sua frente, mantendo uma distância de aproximadamente vinte centímetros entre elas. Imagine-se enviando energia da direita para a esquerda. Faça isso durante algum tempo, depois inverta o sentido. Você vai perceber que uma delas parece mais "certa" do que a outra. Passe a usar a mão adequada para os feitiços destinados a atrair, por exemplo, quando você mexer, misturar uma coisa. Use a mão que "manda embora" quando tiver de se livrar de algo ou apenas quiser se desfazer de certa energia.

Se for difícil saber como as suas mãos funcionam, faça outros testes antes de executar rituais completos. Verifique que informações uma pedra lhe dá quando você a segura com a mão direita ou com a esquerda.

ATRAINDO ENERGIA

Em muitos rituais, você atrai energia e então a coloca em seu desejo e/ou em seu ritual. Há muitas possibilidades de acumular e reforçar energia para, depois, absorvê-la e carregar-se. Nós estamos acostumados a colher energia do exterior, seja do modo que for. Também nos rituais colhemos energia lá fora, se bem que nunca sem devolver algo. Não se trata de proceder a uma barganha do tipo: se eu fizer isto e isto, ganho aquilo e aquilo em troca. Não é assim que a magia funciona. Tudo o que a gente tira do Universo exige uma espécie de contrapartida. É mais ou menos como na amizade. Quando você procura um bom amigo, que realmente gosta de você, e lhe pede alguma coisa ou a toma emprestada, tudo bem. O mesmo acontece quando um amigo lhe pede algo. Normalmente, os dois estão dispostos a se ajudar e apoiar mutuamente. Agora, quando é sempre o mesmo que pede, que banca o parasita, que nem se lembra de agradecer e muito menos de dar algo em troca, o outro tem toda razão de ficar zangado. O aproveitador não tem muita alegria na vida nem na magia, por mais que a sua atitude seja engraçada para quem a vê de fora. Quem sempre engana os outros não consegue confiar em ninguém. Quem vive ludibriando só pode esperar ser excluído. Talvez algumas pessoas achem legal comportar-se assim, mas isso não tem nada a ver com trabalho mágico nem com vida de bruxo. Ser bruxo significa procurar o equilíbrio, restabelecer a harmonia, a simetria; por vezes também significa restaurar aquilo que nós mesmos ou qualquer outra pessoa desequilibrou. Portanto, quando você tiver fechado o seu círculo mágico, vá para o centro e acomode-se nele. Isso significa ficar de pé, sentar-se ou deitar-se; depende totalmente da sua preferência. Se você for daqueles que têm facilidade para pegar no sono, dificilmente vai captar a energia certa para o seu ritual se, ao se deitar, acabar passando algumas horas roncando antes de voltar para a realidade. Por outro lado, se for muito nervoso e inseguro, talvez seja muito agradável deitar-se e relaxar. Simplesmente procure pensar e descobrir qual é a melhor solução para você.

Neste momento, a respiração é muito útil para captar energia. Tal como no exercício de respiração acima, toda vez que você inspira, colhe energia. Ao expirar, faz com que essa energia flua no seu trabalho mágico. Com isso, carrega corretamente aquilo que pretende carregar. Se lhe parecer mais fácil, imagine a troca de energia como fachos de luz dourados que você absorve e transfere para os objetos mágicos. Experimente para ver o que é mais fácil para você e como consegue obter mais rapidamente a sensação de sucesso. Caso esteja executando um ritual com outras pessoas, é possível que cada uma delas empregue uma técnica diferente para acumular energia e atingir um objetivo. Isso não é problema e produz tanto resultado como quando todos fazem a mesma coisa.

FINALIZANDO O RITUAL E LIBERANDO A ENERGIA

Quando tiver terminado tudo que pretendia fazer, basta soltar no Universo a energia acumulada. Para isso, há diversas possibilidades.

Se tiver feito a sua energia fluir para um feitiço do desejo, libere-a e mande-a para lá, como se estivesse soltando um passarinho. No entanto, isso só funciona se você não tiver ligado a energia a nenhum objeto material, se tiver executado tudo de forma exclusivamente mental, isto é, na sua cabeça e no seu sentimento. Uma vez retirada toda a energia mágica do seu círculo e quando você sentir que já está pronto, dispense a energia. Para tanto, basta esticar os braços como se estivesse jogando uma coisa para cima. Ou então grite ou simplesmente expire com força e demoradamente. Tente sentir toda a energia sendo liberada. Quanto mais impulso conseguir dar a tudo, melhor. Você pode reforçar o procedimento com algumas palavras, como por exemplo: "Assim seja e que faça bem a todos."

Se você, pelo contrário, tiver trabalhado com um objeto, por exemplo, com a magia dos nós, a energia terá sido transferida do feitiço para os nós. Nesse caso, é tolice tornar a espalhá-la aos quatro ventos. Essa energia só se liberará se você entregar o objeto (por exemplo, uma fita trançada, uma imagem ou algo parecido) aos elementos. Tudo isso ocorre depois do ritual, quando o círculo mágico estiver totalmente aberto (veja abaixo).

ATERRAR

Esta parte do ritual é importantíssima. Quando absorvemos quantidades de energia e ficamos envolvidos dos pés à cabeça, ficamos sobrecarregados. Então é possível que, em vez de liberar esse resto de energia, você o retenha. Estando de tal modo sobrecarregado, pode acontecer facilmente de você tropeçar nos próprios pés, arranjar uma briga desnecessária com os outros ou fazer qualquer tolice que normalmente não faria. Para se livrar da energia excedente, nós a aterramos.

Para tanto, agache-se ou sente-se e coloque no chão a palma da mão, de preferência das duas mãos. Feche os olhos e deixe toda a energia excedente descer por elas e penetrar o solo. Enquanto isso, peça à Mãe Terra que utilize essa energia em qualquer outro lugar onde ela for necessária. Isso não quer dizer que o excesso de energia retido seja ruim, mas simplesmente que está no lugar errado.

Agora, sim, você pode reabrir o círculo mágico. Comece pelo Norte e despeça-se de tudo que lhe deu apoio e o ajudou durante o seu feitiço. Pode tocar mais uma vez na areia/pedra, empregar a fórmula rimada ou simplesmente dizer as palavras que lhe ocorrerem.

A seguir, volte-se para o Oeste e agradeça também aos espíritos desse ponto cardeal e ao elemento água.

Continue girando em sentido anti-horário até chegar ao Sul para se despedir dos espíritos desse ponto cardeal e do fogo. Apague a vela se quiser. Você mesmo decide se deve assoprá-la ou não. As opiniões variam sobre a conveniência de assoprar uma vela durante o ritual mágico. Uns dizem uma coisa, outros dizem outra. Decida qual é a sua preferência pessoal. Se achar melhor não assoprá-la, pegue uma concha e sufoque a chama até que se apague.

Do Sul, você se vira para o Leste e se despede dele. Nesse momento, pode apagar o incenso; se estiver usando bastões, é só espetá-los na areia. Em todas as outras variantes, vai ser mais difícil apagá-lo. Jogar água, além de provocar a maior bagunça, atrapalha a sua concentração. Se gostar do cheiro, deixe o incenso queimar até o fim. Assim, você curte durante mais tempo, não só o perfume como também as entidades do Outro Mundo.

Termine de reabrir o círculo, voltando-se novamente para o Norte e dizendo, por exemplo: "O círculo está aberto, mas intacto. Feliz ao separar-se e feliz ao voltar a se unir."

DEPOIS DO RITUAL

Em primeiro lugar, ao terminar o ritual, recolha tudo o que usou para realizá-lo. Se tiver um cantinho onde normalmente guarda as suas coisas, um lugar energético (p. 163) ou uma espécie de altar (p. 150), ponha tudo lá novamente.

Jogue a água do seu copo, cálice ou outro recipiente em um lugar com água corrente. O ralo também serve, pois, afinal, não é todo mundo que mora perto de um rio. Abra a torneira depois. Pode deixar o incenso e a vela queimarem até o fim, mas muito cuidado para que nada acabe pegando fogo. Caso você não deixe a vela se consumir até o fim, pode simplesmente tornar a acendê-la no dia seguinte. Recorde rapidamente para o que ela serviu no ritual e envie mais uma vez o seu desejo com um pensamento ou oração breve. Deixe a vela acesa o resto da tarde ou mesmo à noite (mas sempre com muito cuidado!). Você pode fazer isso várias noites seguidas, antes de ir dormir, até que a vela se acabe.

Se tiver trabalhado com um objeto, leve-o para fora o mais depressa possível ao terminar, e devolva-o aos elementos. Uma possibilidade é entregá-lo ao fogo, se bem que isso é um bocado difícil nas grandes cidades. Afinal, pouca gente tem lareira, e muitos objetos (como as pedras e as conchas) não se queimam.

Também é possível entregar os objetos do ritual mágico à água, mas tem de ser à água corrente de um rio de verdade. Uma simples poça não serve para isso, pois o importante é que o objeto não volte para você. Há ainda a possibilidade de entregar o objeto à terra, ou seja, de enterrá-lo. Mas escolha sempre um lugar ao qual você não voltará. Se enterrar o objeto no canteiro preferido da sua mãe, no mais tardar na primavera seguinte, você o receberá de volta junto com uma verruga na testa. O melhor lugar para enterrá-lo é um bosque ou a borda de um campo. No meio do campo é desaconselhável pelos mesmos motivos do canteiro de casa. Em todo caso, não esqueça de levar algo com que cavar, do contrário você vai ser obrigado a fazer isso com as mãos. Depois de enterrar o objeto, vá embora sem se virar para trás. Tampouco volte a esse lugar. A quarta possibilidade é a de entregar o objeto ao ar. Isso é particularmente recomendável para quem fez encantamentos com fitas e/ou penas. Simplesmente amarre a fita a uma árvore. Também neste caso, convém escolher um lugar por onde não passe muita gente, ou seja, um pouco afastado das calçadas, das pistas de *jogging*, etc. E não se vire mais nem retorne ao lugar em que deixou o objeto mágico.

Agora uma palavrinha sobre a segurança: quando você quiser executar rituais ou levar os seus objetos a um lugar ermo, não deixe de verificar se ele é seguro para você. Leve alguns amigos ou amigas a um passeio ou peça aos seus pais que o acompanhem. Talvez um irmão mais velho se disponha a ir junto. E mesmo que alguém torça o nariz ao vê-lo cavando num parque, em plena luz do dia, não vá para lugares escuros ou muito isolados para enterrar alguma coisa ou pendurá-la em uma árvore. Com os bruxos também podem acontecer coisas ruins, e nem mesmo o melhor dos rituais deve levá-lo a agir como se não tivesse juízo. Se tiver uma sensação esquisita ou sentir medo quando estiver fazendo o que quer que seja, desista imediatamente.

Pare de pensar

Talvez esta seja a parte mais difícil do ritual. Depois de passar um longo tempo preparando tudo da melhor maneira possível e de ter muito trabalho na execução do ritual, a ordem é parar de pensar nele. No começo, é mais ou menos como quando pedem a uma pessoa que fique cinco minutos sem pensar num elefante branco: é tiro e queda, ela já não consegue pensar em outra coisa.

Quanto mais se deseja e visa uma coisa, mais improvável é que ela se realize. Com certeza você já passou pela experiência de querer muito que algo acontecesse, e nada aconteceu. Por fim, não lhe restou senão pensar: tudo bem, não faz mal se não der certo. E deu de ombros, passou a encarar tudo com mais tranqüilidade e a esperar a seqüência dos fatos. Parou de ficar na expectativa do resultado. E eis que, de uma hora para outra, quando você menos esperava, aconteceu exatamente aquilo que você tanto desejava.

Com a magia é a mesma coisa. Uma vez executado o ritual e liberadas todas as energias, o que você tem de fazer é simplesmente deixá-las operar no Universo. Esqueça o ritual e não fique esperando todo santo dia que o seu desejo seja realizado, só porque você fez um ritual. Como já dissemos, a magia não é um supermercado, no qual a gente pega uma mercadoria, deixa o dinheiro na forma de ritual e volta para casa. A magia só funciona na grande rede de todas as energias existentes à nossa volta. Por exemplo, se você fizer um ritual pela paz no mundo, é bem possível que muitos outros prefiram coisa bem diferente e ponham uma grande quantidade de energia em seus objetivos. Pois lá se vai a enxurrada energética. Assim, talvez o seu ritual não consiga impor exatamente a paz no mundo, mas é possível que, em algum lugar da China, um pai hesite em brigar com o filho e, em vez disso, ouça o que ele tem a dizer e lhe dê um abraço. Não deixa de ser um pouquinho de paz no mundo, da qual você nem chegou a ter notícia. Quando a gente realiza um ritual para si ou para um amigo ou amiga, é bem mais fácil saber se ele surtiu efeito.

No entanto, pode ser que isso demore, de modo que o melhor é ir com calma. Ao que tudo indica, as coisas funcionam melhor quando a gente pára totalmente de pensar nelas. Mesmo porque você enviou o seu desejo ao melhor endereço possível. Seus dedicados ajudantes já estão trabalhando no Outro Mundo. Se ficar o tempo todo espiando por cima do ombro deles, você freia a própria energia que colocou no ritual. É mais ou menos como prender um cachorro na coleira e querer que ele ganhe uma corrida. E, para ver se ele está correndo bem, você o puxa para junto de si de cinco em cinco minutos. Não será de admirar se todos os outros chegarem primeiro e o seu pobre vira-lata, irritadíssimo, resolver parar e esperar até que você o solte realmente. De modo que, se você contiver a cada momento os seus ajudantes espirituais, pensando incessantemente, a única coisa que pode acontecer é tudo ficar do jeito que está. Os espíritos param e ficam esperando que você os solte realmente.

No começo, esse soltar não é nada fácil, mas, com um pouco de exercício, acabamos aprendendo a encarar a coisa com mais tranqüilidade.

POR QUE A MAGIA NEM SEMPRE FUNCIONA

Às vezes acontece de a pessoa se dedicar muito e celebrar um ritual maravilhoso... que acaba não dando em nada. Não faltam motivos pelos quais o ritual, por bem-feito e importante que seja, não surte efeito. Num ritual, mesmo que você tenha pensado em absolutamente tudo, no fim sempre vem a frase desejando que ele tenha sido bom para todos. Caso o seu ritual não tenha correspondido a esse desejo, nada vai acontecer. Naturalmente é irritante desejar muito uma coisa, investir um tempo enorme no ritual e descobrir que foi tudo em vão.

A magia funciona como um mecanismo bem lubrificado. A gente recebe aquilo de que realmente precisa. Às vezes isso é difícil de entender. Tomemos um exemplo desagradável. Digamos que o dono de um cachorro costuma maltratar o bichinho, e você resolve fazer um ritual para ajudá-lo. O seu desejo é que o sujeito pare com os maus-tratos e volte a ser uma pessoa legal (sem contar que, no caso, você está fazendo um feitiço para alguém sem nenhuma autorização). Pois acaba não acontecendo nada, por mais intenso que tenha sido o seu desejo. Todo mundo sabe do problema e não toma providências. Você também não, já que prefere resolvê-lo mediante um ritual. Ocorre que, se você simplesmente tivesse chamado a polícia ou telefonado para uma instituição protetora dos animais, o cachorro já estaria salvo — mesmo sem ritual nenhum.

Às vezes nós nos valemos dos rituais para se esquivar de um problema. Por exemplo, quando prefere ficar calado, por comodidade ou covardia. Claro que é muito mais fácil executar um ritual e, assim, passar a responsabilidade adiante. Mas, pensando bem, é inútil omitir-se. Isso não quer dizer que se deva se meter na primeira situação perigosa que aparecer. Por exemplo, se topar com um bando de *skinheads* espancando um estrangeiro numa estação de metrô, não quer dizer que você deva trocar socos com eles, principalmente se tiver apenas doze anos ou não tiver a constituição física de um Arnold Schwarzenegger. Mas fingir que não viu nada não é a solução. Numa situação dessas, fazer um ritual, pedindo mais tolerância no mundo, pode ser que ajude a longo prazo, mas, no caso da estação de metrô, é preciso ter um pouco mais de coragem cívica. Ninguém precisa trocar sopapos com os valentões do colégio que não param de intimidar ou até ameaçar os colegas, mas todo mundo pode conversar sobre isso com o professor, com os pais ou com um adulto em condições de tomar uma providência. Ter coragem é muito importante para os bruxos e bruxas, pois só os corajosos são capazes de assumir a responsabilidade por si próprios. Os covardes sempre acham um bode expiatório a quem atribuir a responsabilidade pelas coisas que não deram certo em sua vida.

Como se pode ver, nem sempre é preciso recorrer a um ritual e nem sempre o ritual é a melhor maneira de resolver os problemas do mundo. Portanto, pense bem no seu objetivo. Quanto mais franco você for consigo mesmo, melhor. E maiores são as suas possibilidades de executar um ritual com resultados bons para você e para todos os demais.

Equipamento de Magia
ʕ Para Iniciantes

Se você não tiver certeza do que precisa para se iniciar na bruxaria, não adquira um monte de coisas sem saber se vai usá-las. Comece pelo mais simples, que se encontra em qualquer lugar.

- Castiçal e vela (de preferência branca, que é adequada a qualquer situação)

- Sal (de cozinha)
  Diversas ervas (secas)
  — Lavanda
  — Salva
  — Alecrim

- Cristal de rocha, quartzo róseo, ametista (escolha pedras pequenas e não polidas, que, além de relativamente baratas, são as mais adequadas. Se não as encontrar, as lapidadas também servem)

- Cálice ou copo de vinho (também pode ser de cerâmica ou madeira)

- Diferentes pedras (colhidas pessoalmente)

- Penas (também colhidas pessoalmente)

- Fitas coloridas e fibras naturais

Uma vez providenciado esse equipamento inicial, pode-se fazer quase tudo. Caso você queira executar um ritual do amor, que pede o rubi, use o cristal de rocha.

Ponha-se no seu lugar energético e relaxe. Pegue o cristal e assopre-o com força. Ao mesmo tempo, visualize a pedra tornando-se mais pura e cristalina. Por fim, segure o cristal com ambas as mãos e peça-lhe que leve a energia do rubi para o seu ritual. Enquanto isso, visualize o cristal soltando nítidas fagulhas de energia amorosa. Respire fundo e volte totalmente ao aqui e agora. Então empregue o cristal em seu ritual como se fosse um rubi. Antes de tornar a guardá-lo, assopre-o novamente, removendo a energia de rubi da pedra. Também pode colocá-la na salmoura ou, se preferir, no próprio sal. A limpeza das pedras assim "programadas" é importante para evitar eventuais confusões quando, por exemplo, você estiver precisando de uma esmeralda e a sua pedra ainda estiver irradiando a energia do rubi.

RITUAIS COLORIDOS

Mesmo que você prefira não se pintar ou se isso não for usual, é possível fazer alguma coisa com lápis de sobrancelha e batom. Junte uma pequena variedade de cores que quiser usar em seu ritual.

Provavelmente você já viu fotografias de gente de outras culturas pintada ou tatuada. Em muitas culturas do mundo, é comum as pessoas pintarem o rosto ou até mesmo o corpo. E isso vale tanto para os homens quanto para as mulheres. Muito embora não seja habitual aqui, em um ritual, os meninos podem usar pintura do mesmo modo que as meninas. As cores escolhidas e o lugar onde aplicá-las têm a ver com o objetivo do seu ritual.

Hoje em dia, a tatuagem voltou a estar muito *in*, se bem que a maioria dos tatuados não tenha consciência de que, com isso, estão fazendo bem mais do que simplesmente adotar uma moda. Mesmo porque a tatuagem é definitiva. Pode perfeitamente acontecer de uma pessoa, que agora acha um determinado símbolo simplesmente lindo, passar a detestá-lo dentro de um mês ou de um ano. Portanto, pinte na pele o símbolo que quiser, mas desde que depois você possa removê-lo com água e sabão. Além disso, pode ser bem irritante estar constantemente ligado a apenas uma energia por causa de um determinado símbolo. Não deixe de experimentar diversos símbolos até achar um que lhe agrade e combine com você.

Particularmente bons para pintar a pele são o lápis de sobrancelha, o delineador e o batom. Também se pode comprar uma caixa de pintura para crianças e divertir-se com as cores. Geralmente, sai bem mais barato do que a maquiagem. Se possível, faça essas compras em uma loja de produtos naturais. As coisas são um pouco mais caras (mas, afinal, para que existe Natal e aniversário?), em compensação não foram fabricadas com a ajuda de experiências com animais. Quem leva os rituais mágicos a sério não pode trabalhar com energias provenientes de semelhante prática.

AS FASES MÁGICAS DA LUA

Tendo adquirido a pintura, você tanto pode criar os seus próprios símbolos e desenhos quanto usar os tradicionais. Por exemplo, com um pouco de imaginação, é possível desenvolver uma pintura ritual totalmente "personalizada" para o rosto. Explore as possibilidades. Os símbolos abaixo representam determinadas energias que se podem introduzir no ritual:

- Lua com meias-luas viradas para a direita e para a esquerda:

Este símbolo representa a grande Deusa; se quiser também pode desenhar:

- Este desenho representa a feminilidade em geral:

- Este representa a masculinidade:

- Este é o símbolo do Sol, que se relaciona com a energia vital e o começo:

- O símbolo de Vênus é ótimo para ser utilizado nos rituais que tenham a ver com o amor (no caso dos meninos, o símbolo de Marte é mais adequado):

- Tal como o pentagrama, a cruz é um antigo símbolo protetor e aparece em muitas variantes, este é apenas um pequeno exemplo:

- O pentagrama é muito usado nos rituais mágicos e você pode desenhá-lo em sentido horário ou anti-horário. Isto faz com que ele tenha uma energia de atração (a) ou de rejeição (b):

O HÁBITO FAZ O MONGE

Como já mencionamos, a roupa de bruxo deve atender, em primeiro lugar, os requisitos de segurança e comodidade. Se você se agacha repetidamente para acender velas ou se senta no chão, com as pernas cruzadas, no centro do círculo mágico, o melhor é não usar uma minissaia justa. Tampouco se recomenda uma roupagem de bruxo com a qual você não está acostumado e que, por exemplo, pode esbarrar no seu cálice e derramar a água quando você fizer um movimento mais rápido.

Prefira roupa prática, mas, se quiser, é claro que você mesmo pode lhe acrescentar alguns detalhes mágicos. Um manto de feiticeiro é fácil de fazer e transforma o mais comum dos *jeans* em uma veste de feiticeiro. Pegue um pedaço de pano, cujo comprimento corresponda à sua altura e cuja largura seja o dobro da sua. Costure uma das extremidades de modo a formar uma bainha, na qual seja possível enfiar um cordão ou coisa que o valha. Se não souber ou não quiser costurar, peça esse favor à mamãe, ao papai, à irmã, ao irmão, à titia ou ao titio. Um deles vai ajudá-lo. Passe o cordão pela bainha e enfeite a capa conforme o seu gosto, com desenhos, estampas ou símbolos mágicos. Isso é fácil de fazer com tinta de tecido. Com a ajuda do cordão, você pode usar a capa por cima de um ombro ou às costas. Experimente e veja como fica melhor. Escolha a cor da capa de acordo com a energia à qual você quer se ligar: vermelha para o fogo, verde ou marrom para a terra, amarela para o ar e azul para a água.

ANÉIS E COLARES

Há milênios que existem jóias. Parece que ainda nem tínhamos descido das árvores quando começamos a usar argolas de osso no nariz. Atualmente, as jóias costumam ser de prata, de ouro ou de outros metais — às vezes com pedras, às vezes sem.

O melhor para a magia são as jóias de verdade 🐈, já que a maioria dos colares, brincos ou pulseiras oferecidos no departamento de bijuteria das grandes lojas são feitos de todo tipo de metal e até mesmo de plástico, e a gente nunca sabe ao certo que energia eles são capazes de introduzir em um ritual. Mesmo que você não esteja nadando em dinheiro, saiba que um anelzinho ou um brinco de prata não custa os olhos da cara. Inclusive os colares podem ter um preço razoável. E, por sorte, também neste aspecto existe mais igualdade hoje em dia: os garotos também podem usar jóias sem que ninguém os critique.

Os anéis

O anel é um antigo símbolo da infinitude. A cobra que morde a própria cauda simboliza precisamente esse princípio. Os anéis vinculam e amarram. Se o dinheiro não der para comprar um anel de verdade, você pode improvisar um com um fio de cobre ou um arame prateado: é fácil e barato. Se você não gostar muito do resultado, não faz mal, simplesmente guarde o anel em um lugar energético ou debaixo do travesseiro. Pode ser que venha a precisar dele mais tarde. Se, nesse meio-tempo, a prata escurecer ou o cobre azinhavrar (o que, aliás, é venenoso), faça um anel novo.

Pulseiras e colares

No fundo, tudo o que a gente pendura no pescoço ou no pulso não passa de um anel um pouco maior. Do ponto vista mágico, tanto faz usar pulseiras e colares (ou correntinhas) ou um aro menor no dedo. Nos rituais, pode-se também utilizar jóias quebradas, principalmente as correntinhas de prata. Até porque os nós reforçam o encantamento.

Os brincos

Dependendo da forma que tiverem, os brincos também pertencem à categoria dos aros ou argolas. No entanto, muitos deles mais parecem uma cachoeira que propriamente um círculo. Procure no fundo da gaveta, no brechó ou na banca do camelô. Se encontrar uma jóia que tenha um significado especial para você ou contenha uma determinada pedra útil ao seu ritual mágico, não hesite em incluí-lo.

A Magia Elementar 🐾

Na tradição ocidental das religiões pré-cristãs (cf. p. 141) e dos rituais mágicos, muito se trabalha com os quatro elementos: o ar 🐾, o fogo 🐾, a água 🐾 e a terra 🐾. Cada um deles representa determinadas propriedades e se liga a determinados pontos cardeais, cores ou auxiliares mágicos. As quatro classificações abaixo não são válidas no mundo inteiro, nem mesmo em toda a Europa. Se, devido ao seu meio familiar ou cultural, você conhecer e se der melhor com uma outra classificação dos elementos, continue utilizando-a à vontade. O mesmo vale para quem está habituado a usar mais do que quatro elementos (por exemplo, na doutrina chinesa *Feng-shui* 🐾, há cinco elementos básicos, sendo o *chi* 🐾 a energia vital universal). O importante é sempre ter um vínculo com os elementos e sua classificação. Nos rituais descritos neste livro, nós sempre usaremos os quatro elementos mais comuns entre nós.

Antes de entrar para valer na magia ritual, o ideal é já ter uma noção básica desses elementos. Isso evita que, durante o ritual, comecemos a perguntar a que corresponde e o que significa este ou aquele elemento. Quanto mais você desenvolver um sentimento íntimo, visceral, pelos elementos, tanto melhor. Então poderá canalizar toda a sua energia mágica para aquilo que definiu como o objetivo do seu ritual.

Para ficar ligado ao ser elementar 🐾 (veja o que é isso na p. 58) de um elemento, o mais recomendável é dedicar-lhe um ritual completo.

Escolha um dia em que tenha tempo suficiente para isso. Pode ser que um amigo ou amiga queira participar. Então vocês podem executar juntos todo o planejamento. Caso lhe falte tempo, faça os pequenos exercícios dos elementos e dos seres elementares. Se quiser dedicar mais tempo a isso, combine as duas coisas: num dia você executa o ritual e, no outro, faz os exercícios. Simplesmente escolha o que funciona melhor e mais lhe convém. Também é possível começar pelos exercícios, depois fazer o ritual e finalmente passar para as meditações. Adapte os procedimentos ao seu dia-a-dia, afinal, não se trata de uma tarefa escolar que tem de ser feita unicamente de um modo e não de outro.

Para executar esse e outros rituais, é bom visualizar 🐾 (a partir da p. 165 você saberá o que é isso e como funciona). Por outro lado, convém saber direitinho como meditar 🐾 (p. 164). Pode parecer que se trata de ficar muito tempo sentado, entediando-se, mas é bem diferente. Como não existe nenhuma outra palavra para isso, empregamos o nome meditação, mesmo que isso inclua sair pulando ou cantando por aí. Caso você nunca tenha visualizado nem meditado, leia os trechos correspondentes e exercite-se. Do contrário, pode lhe acontecer de estar em pleno ritual do fogo e não conseguir transmitir o desejo do seu coração à salamandra ou aos deuses do fogo, simplesmente porque esqueceu como se visualiza. E então, toda a trabalhosa preparação vai por água abaixo e nada lhe restará senão recomeçar do zero. Se você já teve contato com isso, mas não se sente seguro, dê uma rápida olhada nas páginas correspondentes, que explicam como se faz e para que serve.

OS SERES ELEMENTARES 🐾

A cada um dos quatro elementos correspondem seus respectivos protetores ou guardiãs, seres elementares e outras criaturas, animais ou deuses e deusas. É neles que a energia dos elementos ganha forma. Certas pessoas têm a faculdade de realmente ver esses elementos, outras apenas sentem a sua presença ou talvez só consigam ter consciência dela. Nenhuma dessas coisas é certa nem errada, aqui não há uma graduação segundo a qual só quem consegue enxergar tudo materializado é um bom bruxo. De modo que, independentemente de conseguir ver, ouvir ou perceber espíritos e outras entidades (ou de não tomar consciência de nenhuma energia extraordinária), você pode invocá-los quando estiver celebrando rituais. O melhor é invocar entidades que combinem com o objetivo do seu ritual. Por exemplo, se você invocar uma ondina sentimental 🐾 do elemento água quando estiver desejando um amor fogoso, é bem possível que esse amor seja extraordinariamente romântico, mas fogoso é que não há de ser.

Quando a gente dá a volta no círculo mágico, começando pelo Leste, os primeiros que entram em cena são os silfos 🐾 , uma espécie de elfos ou gênios do ar (tomara que eles não leiam isto...). Como pertencem a um elemento altamente volátil, eles aparecem em formas transparentes ou fantasmagóricas. Sua energia é velocíssima e se presta muito bem para pôr as coisas em movimento. Se o seu cérebro aprende os vocábulos no ritmo de uma lesma, os silfos podem lhe ser de grande ajuda.

A seguir, vêm os seres elementares do fogo. Entre eles figura a salamandra 🐾 que, em todo caso, só tem uma vaga semelhança com o anfíbio do mesmo nome. Este, por assim dizer, é o primo daquela no Mundo do Meio. Quando lhe faltarem pensamentos luminosos e boas idéias, peça ajuda à salamandra (mas tenha o cuidado de formular o desejo com o máximo de precisão; esse ser tem o costume de acender um fogo bem maior do que o que pedimos).

Como já mencionamos, os gênios da água são as ondinas 🐾. Talvez você as conheça das histórias da carochinha, onde elas geralmente são apresentadas como fantasmas aquáticos que matam as pessoas. Infelizmente, a ignorância e o medo muitas vezes levam ao exagero e à desfiguração de uma coisa comum e corrente (afinal, não falta quem acredite que as bruxas comem criancinhas). As ondinas podem estabelecer o vínculo entre nós e os nossos antepassados. Caso você tenha tido um avô ou uma avó de cujos conselhos sente falta, peça a intermediação das ondinas. Também pode confiar na ajuda delas em tudo que tem a ver com os sentimentos profundos (o medo, a tristeza, o ódio, etc.).

Os gênios da terra são os gnomos 🐾, mas não os dos filmes de Walt Disney. Eles não andam cantando e saltitando por aí nem se põem a resmungar quando alguém come a comida de seu prato ou se deita em sua caminha. Essas personagens de contos de fadas e filmes não passam de retratos mais ou menos bem-sucedidos dos verdadeiros gnomos. Estes protegem os segredos da terra, conhecem a história e o passado de cada grão de areia. Sua estabilidade pode proporcionar um terreno firme sob os nossos pés e também ajudam muito nas finanças. Afinal de contas, eles administram todos os bens materiais.

Além dos seres elementais, também se pode invocar os arcanjos, nos quatro pontos cardeais, assim como pedir o auxílio de um determinado deus ou deusa (há uma lista deles a partir da p. 142). Mas não brinque com esses seres em hipótese alguma, muito menos com as divindades. Eles não hesitarão em castigá-lo.

"CABEÇA DE VENTO" ACENA NO LESTE

O Leste 🐈 do círculo mágico corresponde ao elemento ar 🐈. Representa tudo o que se move e dialoga, tudo quanto se troca e tudo aquilo que começa. Aqui todos os rituais relacionados com a comunicação estão em boas mãos: desde o *e-mail* 🐈 até a prova mensal 🐈.

Há várias possibilidades de entrar em contato com o elemento ar. Você pode iniciar a sua observação logo de manhã. Experimente passar um dia prestando atenção no papel do ar. Mesmo nas coisas mais simples. Por exemplo, quando o ar de uma sala está ruim, saturado, e alguém abre a janela, o movimento desse elemento se torna imediatamente sensível. Talvez você sinta o cheiro da chuva lá fora ou ouça o barulho pela janela aberta. Também para falar, cantar ou praticar esporte, o ar é particularmente necessário. Sem dizer que a gente precisa dele simplesmente para respirar. Nas coisas simples, já é fácil constatar como esse elemento é importante e no que ele se faz notar com mais nitidez. Se você se interessar pela proteção do meio ambiente — coisa que, aliás, é típico dos bruxos — procure se informar sobre como livrar os gênios do ar da carga de substâncias tóxicas e outros poluentes que tanto os maltratam. Sempre que estimular ou proteger o ciclo natural de energia e natureza, você, como bruxo ou bruxa, estará no seu elemento.

Assim que tiver certa sensibilidade para os lugares em que o elemento ar está em atividade, comece a juntar objetos "aéreos". Examine os seus objetos para ver o que, para você, está particularmente ligado a esse elemento. Tradicionalmente, ao ar pertencem coisas como plumas 🐈 e incenso 🐈. Portanto, se tiver um passarinho em casa ou amigos que o tenham, não precisa se preocupar com o reforço dos rituais. Caso não haja nenhuma ave por perto, não custa fazer uma excursão ao campo. Procure uma fazenda, sítio ou chácara em que haja galinhas, patos ou gansos. Mas nada de aves de granja, que vivem presas em massa; boas são as "caipiras", as que passam o dia soltas, ciscando no terreiro. Você vai achar penas em grande quantidade. Poderá encontrá-las também à beira das lagoas com patos ou marrecos e nas árvores com ninhos. Como se vê, não é tão difícil assim arranjar plumas. Só dois tipos não servem. Nunca use as de aves criadas em granja, nem as compre nas lojas de animais ou no zoológico, porque nunca se conhece bem a sua origem. As penas dos pássaros criados em cativeiro e em grandes quantidades não servem porque trazem consigo toda a energia dos maus-tratos a que eles são submetidos. E se, durante o ritual, você as apresentar como oferenda, a verdade é que estará apresentando, simbolicamente, todo o sofrimento desses bichos... e quem quer receber semelhante presente? Também é complicado lidar com as penas provenientes de lojas de animais e de certos zoológicos. Lá os pássaros de plumagem colorida cantam alegremente e pode até ser que estejam bem na sua casa, mas quem há de saber por quanto sofrimento já não passaram? Se você tiver um passarinho em casa, mesmo que comprado em uma loja, mas que seja tratado com carinho, é possível que o dano pelo menos tenha sido parcialmente compensado. Portanto, as penas das nossas próprias aves, desde que elas sejam bem cuidadas, são um caso limítrofe. Afinal, nenhum periquito devia estar sozinho, trancado na gaiola: o seu lugar é na floresta, onde ele naturalmente vive em grandes bandos. E nada substitui isso, nem o amor, nem o melhor tratamento do mundo. Decida se vale a pena executar um ritual com essas penas. É muito melhor usar as de aves que vivem em liberdade, as que a gente acha na floresta, na praia ou onde for.

Com essas penas, você tem muitas possibilidades de facilitar seu acesso ao elemento ar. A maneira mais simples consiste em levar uma delas consigo durante algum tempo. Então você vai descobrir, por exemplo, que não é tão fácil mantê-la intacta ao longo do dia. Acontece facilmente de ela se "despentear", quebrar-se ou acabar se estragando de outro modo qualquer. Com a mesma facilidade, rompem-se os vínculos aéreos que a gente estabelece em um ritual. De modo que, se quiser trabalhar com o ar, você precisa ter muito cuidado, muita atenção, para não esquecer nenhum detalhe. Nada mais fácil do que um pensamento ou uma fórmula mágica escapar sem que a gente se dê conta.

Pensamentos voláteis

Agora você já deve ter percebido que o ar é exatamente tão importante para a magia quanto para a respiração. Portanto, para ter um bom acesso a esse elemento, procure usar a voz 🐈. Não se assuste, ninguém está lhe pedindo para soltar a voz numa longa ária diante de uma platéia. Basta cantar só para si. É muito bom fazer exercícios de canto no chuveiro (cuidado, não vá engasgar com o elemento água!) ou pelo menos no banheiro. É o tipo do lugar onde a gente pode trancar a porta e ficar em paz, desde que não demore muito. Caso você tema que seus irmãos ou pais o tomem por maluco, saiba que não é necessário cantar aos berros. Experimente cantarolar 🐈 e veja como dá certo. Mal se escuta do outro lado da porta do banheiro ou do quarto, mas você constatará que, mesmo assim, o efeito é muito bom. Brinque com o cantarolar e o cantar 🐈. Não precisa ser uma melodia completa, bastam alguns tons isolados. Talvez você repare que alguns deles vibram em todo o seu corpo, e, se os mantiver, não vai precisar de tanto ar como quando canta num tom mais agudo ou mais grave. Use esses tons especiais como fonte de energia no ritual ou então para se concentrar mais. Eles também são muito úteis durante uma meditação (daí é que vem o famoso *om*). Vá experimentando até descobrir que tons ou melodias lhe dão força e bem-estar. Talvez exista um que o deixa com os dois pés bem plantados no chão do cotidiano. Ou um tão relaxante que o faz pegar no sono. Preste atenção e, se possível, anote tudo no seu Livro das Sombras 🐈 (cf. p. 151).

A partir desse exercício, pode-se desenvolver uma meditação aérea 🐈 diária. É só escolher uma atividade qualquer, de preferência uma que você costume ter diariamente. E, sempre nessa hora, passe a cantarolar ou cantar aquilo que lhe parece adequado. Isso não vai lhe tomar mais do que alguns segundos ou, se preferir, alguns minutos. O importante é estar realmente comprometido com a coisa e ter vontade de fato. Afinal, não é como tocar piano ou fazer lição de matemática. Rituais e exercícios mágicos, só se faz se for com prazer. E, se você não tiver nenhuma vontade de experimentar e aprender algo assim, é melhor procurar outra ocupação. A magia só funciona para quem verdadeiramente tem vontade e se prepara bem. O ideal é que isso não seja propriamente um exercício para você nem lhe pareça uma coisa chata.

A magia vai pelos ares

Se você quer iniciar um ritual aéreo ou se já faz uma eternidade que pratica exercícios desse gênero e deseja variar um pouco, o melhor é juntar todos os objetos de que precisa em um ritual e tratar de começar.

Vai precisar de algumas penas (dependendo de quantos desejos está disposto a receber do ar) e de uma fita colorida. Pode escolher uma das cores do ar (o amarelo, por exemplo) ou qualquer outra da sua preferência. Não se esqueça de providenciar uma fita comprida o suficiente para poder entrelaçar as penas.

Neste breve ritual, para variar, o que importa não é o seu desejo, e sim o que você pode fazer pelo elemento ar. Esse tipo de troca garante que você, com seus propósitos mágicos, permaneça no fluxo de energia mágica. Se insistir em usar a energia unilateralmente, só para si, sem nunca dar nada em troca, a sua fonte, sem dúvida, começará lentamente a secar. Toda vez que a gente usa uma pessoa ou uma situação, acaba bloqueando um fluxo energético. A outra pessoa se torna impermeável, e é bem possível que você perca um amigo. No futuro, ele vai fazer o possível para evitá-lo e ficar longe da sua presença. Ou seja, você fechou uma porta. É verdade que existem muitas portas, mas também é verdade que a gente vive muito. E quem passa a vida ocupado sobretudo em fechar portas, não tardará em descobrir que acabou ficando sozinho.

O mais importante é estar francamente empenhado em não se interessar exclusivamente por si mesmo, mas também em assumir responsabilidade pelo mundo e pelas pessoas que o cercam. No caso, responsabilidade é estar desperto e aceitar tarefas, mas isso não significa intrometer-se em tudo. Nem tudo o que você vê é necessariamente uma tarefa sua.

No ritual aéreo 🜁, a gente acaba recebendo uma ou várias missões. Coloque os seus objetos no centro do círculo mágico. O transcurso básico de um ritual, você o encontra a partir da página 31.

Relaxe e descanse um pouco; a seguir, feche o seu círculo mágico. Acomode-se no centro e pegue com as duas mãos as penas escolhidas. Comece a cantarolar bem baixinho e concentre toda a atenção nas penas que tem entre as palmas das mãos. Quando estiver inteiramente concentrado, peça aos gênios do ar que manifestem os seus desejos. Tanto faz se lhe ocorrer uma idéia imediatamente ou se demorar um pouco, continue com a atenção tranqüilamente voltada para uma das penas. Assim que lhe vier um pensamento, ponha essa pena de lado e escolha outra.

Quando tiver colhido todos os desejos (mas nada impede que seja um só), agradeça ao elemento ar e deixe de lado todas as penas que não foram usadas. Pegue as que ficaram ligadas aos desejos. Não espere nenhuma tarefa colossal. Elas podem ser simples e fáceis. Esteja aberto para o que der e vier.

Agora prenda as penas na fita, uma a uma, como se estivesse dando nós em um lenço. Elas devem lembrá-lo dos desejos que lhe foram entregues. Se tiver medo de esquecer alguma coisa, anote tudo no seu Livro das Sombras após o ritual.

Tendo terminado essa tarefa, ponha à sua frente a fita com as penas amarradas e feche os olhos por um momento. Feito isso, pode reabrir o círculo mágico. Relaxe mais um pouco e guarde os utensílios. Quanto à fita com as penas, o melhor é pendurá-la num lugar em que você a veja e em que ela oscile com o vento. Uma vez concluídas todas as tarefas, leve-a para fora e pendure-a em uma árvore que seja particularmente importante para você.

Atenção! Neste ritual e nos seguintes, pode ser que, no primeiro momento, não lhe ocorra a menor idéia do que fazer. Mas nada de pânico. Não quer dizer que, daqui por diante, você não pode mais se ocupar de magia. Isso pode ter acontecido apenas porque, no momento, você não estava em condições de assumir a tarefa em questão. Por exemplo, é bem possível que, apesar de toda a concentração, você não esteja verdadeiramente atento, talvez porque alguma coisa o perturba, ou porque você está cansado, ou quem sabe o ar não está acessível. Há milhares de motivos pelos quais a ocasião não é a mais propícia para um ritual aéreo. Não se preocupe com isso e experimente meditar um pouco. Também é possível que você não faça parte do grupo de pessoas que capta claramente as mensagens, e sim, tende a sentir uma sensação vaga na barriga. Mas eis que, uma semana depois, na aula de química, acontece uma coisa que tem a ver com o ar ou, quem sabe, o professor resolve dar um trabalho sobre um tema aéreo. Não perca tempo. Ou talvez alguém lhe peça para ajudar a encher bexigas para decorar uma festa de aniversário. As possibilidades são infinitas. Fique atento, a qualquer momento você pode receber uma tarefa aérea.

Não é necessário que um espírito elementar apareça para você, feito um fantasminha e, com voz cavernosa, lhe cochiche sei lá o que ao ouvido. Muito pelo contrário: geralmente a magia é muito simples e trivial, e, se você tiver pedido idéias ou dicas, pode ser que elas surjam em coisas supercorriqueiras e não pareçam nada mágicas. Limite-se a ouvir. E encare sem preconceitos aquilo que captar. Mas, se mesmo assim, você for chamado a fazer alguma coisa que venha a prejudicar quem quer que seja, pode ter certeza de que isso nada tem a ver com o seu ritual. Com um pouco de experiência, não será difícil separar o joio do trigo, as dicas ruins das boas. No início da carreira, o bruxo sempre se sente tentado a ir atrás das novidades mágicas que se espalham por aí. Quase sempre são lorotas, nada além de lorotas. Se você tiver a impressão de que está possuído pela idéia de interpretar em termos mágicos tudo e todos que o rodeiam, passe algum tempo sem empreender nenhum ritual ou exercício mágico: espere até voltar a conseguir separar esses planos da realidade.

CÍRCULOS DE FOGO

O elemento seguinte no círculo é o fogo ♈. A maneira mais fácil de obter uma chama de pequenas dimensões é acender uma vela. Se não quiser ou não puder usar um castiçal, uma velinha de aquecer chá também serve. Tome a precaução de colocá-la numa base firme e veja se não há nada por perto que possa pegar fogo. Um método absolutamente seguro consiste, por exemplo, em colocar a velinha na banheira. Mas tenha cuidado se houver uma cortina de plástico. Use o bom senso e só a acenda onde não houver o menor perigo.

Como exercício, toda noite, antes de ir dormir, acenda a sua velinha e procure se lembrar conscientemente de tudo o que você viveu, durante o dia, que tenha tido alguma relação com o fogo. Faça tranqüilamente esse ritual noturno durante uma semana (ou mais, se quiser).

O ritual do fogo

Para o ritual do fogo, você precisa de tudo o que costuma usar no seu círculo mágico, além de uma vela suplementar, com a qual vai trabalhar no centro do círculo. À parte isso, convém deixar ali o Livro das Sombras e um lápis. O melhor é executar o ritual quando já estiver escuro ou pelo menos ao anoitecer. Isso lhe permite ver melhor a chama e evita que você se distraia facilmente.

Como de costume, comece por relaxar e se tranqüilizar. A seguir, feche o círculo mágico. Acomode-se no centro dele. No caso, não convém se deitar, já que vai precisar pegar a vela; fazer isso deitado é ruim e muito perigoso. Estando confortavelmente sentado ou de pé, pegue-a e acenda-a. Volte a palma da outra mão para baixo e coloque-a sobre a chama. Mantenha uma boa distância para não se queimar.

Agora olhe fixamente para a chama e procure se concentrar no elemento fogo. Sinta o seu calor e deixe o tremular da luz prender seus pensamentos. Pouse a vela à sua frente e, sem desviar a vista da chama, junte as mãos como se fosse pegar uma coisa no ar. Então peça para os gênios do fogo manifestarem um desejo. Não espere raios e trovões. Deixe que tudo venha brandamente.

Quando tiver a impressão de que está pronto, feche os olhos até que a imagem da chama se apague em seus olhos interiores. Respire bem fundo algumas vezes e volte a abri-los. Se você for uma pessoa que não fixa muito as informações recebidas, chegou a hora de fazer anotações. Escreva no seu Livro das Sombras a experiência que acaba de ter. Ao terminar, pode apagar a vela do centro do círculo e reabri-lo.

Essa vela pode ser usada como "vela do fogo" 🐈 no Sul, em seus rituais futuros, ou então em outras meditações do fogo.

ÁGUA, EM FRENTE, MARCHE!

O próximo elemento no seu círculo mágico é a água 🐈. Para entrar em contato com ele, não há necessidade de fazer nenhum exercício especial, pois todo dia a gente toca diversas vezes na água. Começa logo de manhã cedo, no banheiro, e só termina à noite. Durante o dia, você lava as mãos várias vezes, de modo que pode aproveitar esse ato tão cotidiano para fazer uma pequena meditação aquática 🐈.

Escolha uma ocasião em que estiver lavando as mãos 🐈 sem que o resto da família fique dançando ao seu redor. Pois, quando as pessoas conversam sem parar, é simplesmente impossível concentrar-se no que quer que seja. Além disso, os outros vão achar superesquisito se, de repente, você ficar olhando absorto para as próprias mãos molhadas. Portanto, se os seus irmãos ou a metade da classe estiverem com você no banheiro, deixe o exercício para depois.

Primeiramente, ao abrir a torneira, tome consciência da água. Ouça o seu barulho na pia, olhe bem para ela, estenda a mão e sinta o quanto ela é quente ou fria. Não precisa ficar horas e horas imóvel como uma estátua, olhando fixamente; alguns momentos bastam, afinal de contas, o objetivo deste exercício não é gastar água à toa.

Depois disso, comece a lavar as mãos. Reserve bastante tempo para isso e faça todos os movimentos intencionalmente, mesmo que já os tenha feito milhares de vezes sem pensar. Enquanto isso, concentre a atenção não só em ficar com as mãos limpas, mas também na idéia de que, além da sujeira, a água está levando tudo o que o deixa nervoso, o irrita ou entristece. Com um pouco de exercício, esse soltar as coisas na água é uma das melhores formas de relaxamento que existem. Ao terminar, feche a torneira e enxugue as mãos.

É possível que, na primeira vez, lhe pareça difícil livrar-se das preocupações. Talvez você perceba que, por um motivo qualquer, prefere continuar com a sua irritação. Tais percepções são muito úteis para quem quer se conhecer e compreender. Muitas vezes, a gente se irrita

— como mostra a própria expressão — consigo mesmo. Por exemplo, porque em determinada situação teria sido melhor dizer alguma coisa ou, pelo contrário, ficar de boca fechada. Conseguir soltar a irritação é uma coisa que liberta muito.

Você vai ver que esse tipo de soltura não é tão fácil de obter. Mas vale a pena tentar. Tenha paciência se nem tudo for perfeito da primeira vez e for preciso fazer um pouco mais o exercício de lavar as mãos.

Além disso, você pode recorrer a esse tipo de lavagem das mãos 🐾 antes de iniciar um ritual, caso não queira tomar banho ou não tenha tempo de entrar no chuveiro. Basta lavar as mãos: com o tempo, tudo vai funcionar por si só.

A energia no rio

Para o ritual aquático 🐾, você precisa das mesmas coisas que costuma usar nos outros rituais. A única coisa a acrescentar é um recipiente com água bem no centro do círculo. Deve ser grande o bastante para que você nele possa mergulhar as duas mãos de modo que fiquem totalmente imersas. Pode usar a água comum da torneira. Antes de iniciar, simplesmente pare diante do recipiente e benza a água (sobre isso, veja p. 156).

Terminados os preparativos, feche o círculo mágico e acomode-se no centro. No caso, é melhor ficar sentado. Bem devagar e com muita atenção, mergulhe as mãos na água. Sinta a sua temperatura, as palmas se molhando, a água fechando-se ao redor dos seus dedos. É importantíssimo não estar curvado nem sentado com desconforto para que nada o distraia. Agora feche os olhos e abra-se para a sabedoria da água. Deixe o seu pensamento fluir com ela, não o retenha. Tudo está em movimento no ciclo desse elemento. Peça para os gênios aquáticos contarem o que você pode fazer por eles. Quando tiver a impressão de que tudo foi dito, erga vagarosamente as mãos e deixe a água escorrer e pingar. Continue sentindo a sua ligação com ela. Retorne completamente ao aqui e agora e espere que suas mãos sequem (tenha paciência, demora um pouco). Desse modo, você percebe um vínculo estreito entre o ar e a água (inclusive o fogo participa disso, pois, quanto mais quente estiver, mais depressa as mãos secarão).

Nesse ponto, você pode também anotar o que acaba de viver. Se preferir, deixe isso para mais tarde, quando tiver reaberto o círculo mágico e guardado todos os objetos.

Agora abra o círculo e tire o recipiente do centro. Derrame o seu conteúdo em água corrente, por exemplo, no ralo, no jardim ou mesmo nas plantas do terraço. Neste caso, tome cuidado para que a água seja realmente absorvida pela terra e não forme poça ao redor do vaso. Como sempre, torne a guardar os utensílios mágicos.

DESPERTANDO A ENERGIA DA TERRA

O quarto elemento no círculo mágico é a terra. A ele nós não só não agradecemos com a necessária reverência como o pisoteamos diariamente sem o menor respeito.

Inicie a sua nova ligação com a terra prestando atenção a como nós a tratamos. Se você morar em uma grande cidade, não vai ser tão fácil achar um pedacinho de terra que não esteja coberta de concreto, debaixo de um prédio ou sufocada de qualquer outro modo. Mesmo a terra em volta das árvores, na rua, limita-se a um quadradinho minúsculo. Se tiver a sorte de morar numa casa com jardim ou quem sabe no campo, você conta com um pouco mais de terra. Porém, mesmo nesse caso, nem tudo é perfeito. Não faltam aterros sanitários, agrotóxicos e outras coisas que emporcalham o meio ambiente, de modo que o bruxo deve procurar trabalhar ali onde o meio e os elementos que nele se encontram não estejam tão comprometidos. Isto não quer dizer que se deva se transformar num ecologista radical e só andar por aí com máscara cirúrgica no rosto. Mas, por exemplo, se você é do tipo que compra maquiagem para usar todo santo dia, averigúe como ela é produzida e se não resulta de experiências com animais. Ser bruxo ou bruxa significa assumir a responsabilidade, ainda que isso não seja sair por aí bancando o Super-homem ou o Robin Hood.

Um exercício telúrico bem simples consiste em colocar uma tigela com areia ou terra no seu criado-mudo. Toda manhã e toda noite, você pode pôr as mãos nela e ligar-se a esse elemento, quer dizer, entregar-se intencionalmente à energia da terra. Talvez não veja nenhuma gran-

69

de diferença entre o levantar-se mágico e o outro. Não importa, pois pode ser que você tenha sempre estado em bom contato com a terra e, por isso, não tem tanta necessidade assim. Mas, se acha que um pouquinho mais de chão firme sob os pés pode lhe fazer bem, volte a atenção para o elemento terra sempre que possível. Então o chão firme virá por si só. Afinal, uma das leis da magia diz que a força mágica sempre acompanha a atenção.

Energia carregadora

Para o ritual da terra 🐾, você precisa do mesmo material de sempre. Acrescente a ele um bom punhado de pedrinhas 🐾. Pode pegá-las na praia, na beira do rio ou na floresta. Tome o cuidado de só pegar pedras procedentes de um ambiente natural. O que importa não é tanto a sua aparência, elas devem ser pequenas o suficiente para que você possa segurar várias na mão sem ficar com cãibra. Coloque-as no centro do seu círculo.

Descanse e relaxe por alguns momentos. Inicie o ritual, fechando o círculo mágico.

Acomode-se no centro dele e pegue a primeira pedra. Lembre-se do lugar onde você a achou e vá até lá em pensamento. Neste momento, é melhor fechar os olhos para não se distrair e concentrar-se com mais facilidade. Você já está começando a entender por que é importante procurar as pedrinhas num lugar tranqüilo. Se você tivesse de se imaginar no meio de uma auto-estrada, não teria tranqüilidade para realmente concentrar a atenção na energia da pedra. Portanto, relaxe o pensamento e deixe-se levar pela pedra. Talvez, no primeiro momento, você tenha a impressão de que não está acontecendo absolutamente nada. Com a água, o fogo e o ar foi fácil. Leve em conta que a terra e, portanto, também a pedra, se movem muito mais lentamente do que os outros elementos. Assim que tiver a impressão de estar total e verdadeiramente com a pedra no pensamento, pergunte que desejo o elemento terra quer manifestar para você. Não espere uma resposta rápida. Quando a tiver recebido ou quando sentir que não vai receber mais nenhuma informação dessa pedra, pegue a seguinte. Proceda exatamente como com a primeira e não se apresse.

Termine o ritual quando estiver com mão tão cheia de pedras que não caiba mais nenhuma ou quando sentir que recebeu mensagens suficientes. Então deposite cuidadosamente as pedras à sua frente, sem misturá-las com as que ainda não foram usadas. Anote a experiência vivida no seu Livro das Sombras para não esquecê-la. Volte conscientemente a atenção para o seu círculo mágico e abra-o como de costume.

Guarde as pedras em um saquinho e pendure-o perto da cama. Quando, eventualmente você precisar se aterrar um pouco , simplesmente ponha uma delas debaixo do travesseiro ou leve-a consigo enquanto for necessário. Se, de vez em quando, quiser fazer algo bom para as suas pedrinhas, lave-as com água fresca, removendo todas as energias que elas possam ter recebido de você.

O Dia-a-dia Mágico

A magia pode ser empregada em tudo, tanto nas coisas mais simples quanto nas mais complexas. Mas, em geral, só nos ocorre consultar um oráculo ou fazer uma meditação quando já estamos no fundo do poço e o probleminha insignificante virou uma bola de neve que não pára de crescer. Quem trabalha regularmente com a magia constata que sempre compreende mais cedo as boas dicas do Universo. E, graças a isso, poupa-se de dar de cara com a parede. A vantagem está em nunca ser pego de surpresa quando uma mudança está se preparando na nossa vida, pois não faltam sinais indicando isso.

Se você quiser ter um pouco mais de visão, tanto nas coisas mágicas quanto nas cotidianas, vale a pena consultar um oráculo. Não estou me referindo àquela mulher misteriosa, envolta em um véu, que, sentada diante de um buraco fumegante na terra, prevê o futuro. Você mesmo pode fazer o seu oráculo e utilizá-lo sempre que estiver em dúvida ou achar que nada tem dado certo. Esse oráculo é capaz de informar que energia o está ajudando ou estorvando no momento. Pois, quando o Universo engata a marcha lenta, as mudanças dão muito trabalho. Inversamente, em épocas de fluxo rápido de energia, precisa-se apenas da metade do esforço para obter o resultado desejado com um mero ritual.

O ORÁCULO DE PEDRAS HAVAIANO

Esse oráculo especial remonta a um modelo havaiano, mas é facilmente adaptável. Para isso, são necessárias seis pedras de diferentes cores, cada qual representando um aspecto da vida. Mais tarde, você pode aumentar a coleção à vontade, adicionando novas cores com novos significados. Experimente para ver se as pedras coloridas lhe bastam ou se é melhor acrescentar símbolos. No começo, as pedras descritas abaixo são mais do que suficientes. Para ter as cores necessárias, você tanto pode comprar pedras semipreciosas quanto colhê-las pessoalmente. Se houver dificuldade com uma ou outra cor, nada o impede de pintá-las (com qualquer tinta que não se dissolva em água depois de seca).

A *pedra vermelha* representa tudo o que tem a ver com o amor, a alegria de viver, o prazer e o apego à vida, o nascimento e a morte. Quando você precisar saber o que está obstruindo o seu caminho, ela o alertará contra as brigas, a violência, o ódio, o abuso e a agressão.

A *amarela* representa a energia do espírito, o intercâmbio e o pensamento criativo. Ajuda-o a deixar de ser intolerante ou mesquinho e evita que você se aferre ao seu próprio modo de pensar e não consiga enxergar um palmo adiante do nariz. Quando ela aparece como aviso, pode significar que você não reparou em alguma coisa importantíssima.

A *pedra verde* significa a fertilidade, os bens materiais, o dinheiro — mas também uma forte ligação com a terra. Ela o adverte quanto a uma visão exageradamente material do mundo e indica, por exemplo, o excesso de rigidez e imobilidade.

A *pedra azul* vincula-se à cura, ao sono, ao elemento água e a tudo quanto purifica. Chama a atenção para os sentimentos fortes, as visões dramáticas e os objetivos incertos.

A *pedra lilás* representa a ligação com os seres superiores, os rituais e a condição de bruxo ou bruxa. Ajuda a evitar que nos percamos na mística, na magia negra e nos rituais que não deram certo.

A *pedra branca* (também pode ser um cristal transparente) significa sorte e sabedoria superior. Avisa no momento em que as forças do Universo não favorecem as suas questões.

Uma vez reunidas todas essas pedras, a primeira coisa a fazer é purificá-las e benzê-las. Depois, guarde-as num lugar seguro e não as use em mais nada, só nesse oráculo.

Se tiver uma pergunta que lhe interessa muito, consulte-as. Para tanto, vá a um lugar tranqüilo e faça a pergunta ao mesmo tempo que segura o saquinho de pedras com uma das mãos. Com a outra, pegue uma delas. Observe-a e pense no significado que tem com relação à sua pergunta. Suponhamos que você queira saber o que o pode ajudar na procura de novos amigos, e digamos que saiu a pedra lilás. Você pode então executar, por exemplo, um ritual da amizade ou convidar pessoas que lhe são afins para juntos celebrarem rituais comuns. Se estiver querendo saber o que obstrui o seu caminho, e sair uma pedra vermelha, talvez seja um alerta contra os falsos amigos e uma recomendação para tomar mais cuidado.

Também é possível obter a ajuda do oráculo com perguntas simples, na base do sim ou não. Por exemplo, se você não souber se deve fazer um feitiço do amor para uma amiga, pergunte à pedra. Para isso, pegue a vermelha, a verde e a branca e sacuda-as como se fossem dados. Faça a pergunta e jogue-as. Se a vermelha cair mais perto da branca, quer dizer não; se ficar junto da verde, significa sim. Se você não lembrar o que cada pedra significa, basta pensar no semáforo: o vermelho quer dizer pare; e o verde, vá em frente.

A BENZEDURA DA CASA

Não importa se você acaba de se mudar ou já mora há muito tempo na sua casa ou apartamento: sempre é bom fazer uma cerimônia de purificação. Caso esteja em plena mudança, trate de fazê-la antes que os primeiros móveis e objetos entrem no imóvel. Se não for possível, aproveite a primeira ocasião em que estiver a sós.

Para benzer a casa, pegue tudo o que você costuma usar nos rituais; além disso, providencie um recipiente com água, um pouco de sálvia e uma vela. Ponha o material completo no centro do seu novo domicílio. É óbvio que esse centro não precisa ser milimetricamente exato. O importante é você se sentir no centro do espaço em que mora ou vai morar.

Descanse e relaxe. Feche um círculo mágico no centro da sua nova morada. Veja se está sentindo claramente que esse círculo abrange toda a casa. Sente-se ou acocore-se diante do recipiente. Jogue um pouquinho de sálvia na água. Ao mesmo tempo, diga:

Com o ar, eu assopro e mando embora tudo quanto for inútil.

Jogue mais um pouco da erva na água e diga:

Com o fogo, eu espanto tudo quanto for inútil.

Repita a operação e diga:

Com a água, eu removo tudo quanto for inútil.

E na quarta vez:

Com a terra, eu estabeleço limites para tudo quanto for inútil.

Fique um momento com as mãos sobre o recipiente e visualize a força dos elementos ligando-se à água. Você pode também mexê-la em sentido horário a fim de reforçar essa ligação.

Agora pegue o recipiente e inicie o ritual de purificação da casa. Abra a porta da entrada e borrife algumas gotas na soleira. Enquanto isso, visualize toda a energia que nada tem a ver com a sua casa, toda a energia que não faz bem para a sua família, indo embora. Não se trata de espíritos malignos, pois o espírito doméstico da dona Maria pode ser muito bom para ela, só que não serve para você. Agora percorra toda a residência em sentido anti-horário, do porão (se for uma casa) até o sótão. Sendo um apartamento, percorra-o em círculo. Inclua todas as aberturas (portas e janelas), todos os cantos que possam ter uma ligação com o lado de fora: por exemplo, os ralos do banheiro e da cozinha, os cabos ou satélites de televisão e inclusive as tomadas (se não souber ao certo onde elas estão, salpique a água por todos os lados e pense nas tomadas em geral). Perto do televisor e das outras instalações elétricas, tome o cuidado de borrifar só um pouquinho de água, do contrário você arrisca provocar um curto-circuito. Se não tiver certeza de como agir, limite-se a movimentar a mão naquela direção, enviando energia, mas sem usar a água.

Ao percorrer a casa, vá abrindo todas as janelas e portas. Quando terminar e chegar novamente à porta de entrada, guarde o recipiente e passe um momento com a atenção voltada para as energias purificadoras que expulsam todas as energias velhas da casa. Por fim, volte a fechar as portas e janelas.

Agora vem a segunda parte do ritual, que convém executar imediatamente, embora você também possa deixá-la para mais tarde ou para o dia seguinte. Caso não tenha tempo de percorrer o imóvel mais uma vez, coloque-se no centro dele e feche os olhos. Imagine uma muralha protetora, toda feita de luz, que cerca a casa ou apartamento e nele só deixa entrar o que faz bem para os moradores. Se ainda tiver tempo, acenda uma vela e, com ela nas mãos, percorra mais uma vez todos os cômodos. Mas agora você deve fazê-lo em sentido horário, pois o que quer é atrair energias benéficas. Benza com a luz tudo o que acaba de ser purificado, ou seja, as portas, as janelas, as tomadas, os ralos e assim por diante. Simultaneamente, visualize a residência enchendo-se pouco a pouco de luz. Segure a vela somente na direção daquilo que você quer benzer. Ou então desenhe no ar, com a chama, um pentagrama protetor ou uma cruz. Veja o que combina com você. Tendo terminado, volte para o centro e sinta mais um pouco essa redoma de luz. Se estiver se sentindo muito carregado, aterre-se. Depois disso, reabra o círculo mágico, verta a água em água corrente e guarde tudo.

Você pode celebrar esse ritual sozinho ou, naturalmente, também com outras pessoas. Talvez na sua família haja quem queira acompanhá-lo ou quem sabe todos os membros se dispõem a participar. Nesse caso, vocês podem assumir papéis diferentes: um invoca este elemento; o outro, aquele; um se encarrega da purificação; o outro, da benzedura. Combinem antes os sinais que cada um vai fazer para avisar que já terminou a sua parte e que chegou a vez de outra pessoa continuar.

PROTEÇÃO MÁGICA CONTRA ROUBO

Essa medida de segurança protege não só contra os ladrões da rua como também contra olhos e dedos curiosos dentro de sua própria casa. É uma variante de um feitiço tradicional de invisibilidade 🐾. Mas não funciona como nos filmes em que as pessoas desaparecem repentinamente feito fantasmas. Tornar-se invisível significa não ser notado, ou seja, que ninguém se lembra de você nem repara em você. Essa forma de invisibilidade tem uma condição importantíssima. Basta você desejar, ainda que só em pensamento, que alguém repare na sua presença, que de algum modo o veja, para que o efeito termine. Isso é quase impossível de controlar, porque é dificílimo ficar o tempo todo com a atenção exclusivamente voltada para essa invisibilidade. Nada mais fácil do que se distrair.

Muito mais fácil é quando se quer fazer com que um "objeto" desapareça, como uma casa, por exemplo. Então pode acontecer de bons amigos passarem pela sua porta sem se dar conta ou não conseguirem encontrar a entrada.

O necessário ao seu círculo mágico é o material habitual, além de um pouco de zimbro 🐾, um pedaço de tecido amarelo e um barbante. Com o pano e um barbante ou uma fita, você mesmo pode fazer facilmente um sachê de ervas. Se quiser, acrescente-lhe enfeites, mas um sachê bem simples não prejudica em nada a sua magia. Escolha a época da lua minguante para fazer o feitiço anti-roubo, já que o que se quer é repelir uma coisa ou fazê-la diminuir, minguar.

Descanse e relaxe. A seguir, abra o círculo mágico como de costume. Ponha-se no centro e pegue o zimbro. Erga-o. Ao mesmo tempo, visualize os olhares de visitantes indesejáveis desviando-se de sua casa e os visitantes pensando em alguma coisa muito mais interessante. Diga:

Círculo mágico e zimbro
Nenhum ladrão ache o caminho daqui.

Repita sete vezes essas palavras.

Ponha o zimbro no pedaço de pano e amarre-o, formando um sachê de ervas. Agora você pode se aterrar e reabrir o círculo. De preferência, guarde o sachê perto da porta de entrada; o ideal é pendurá-lo diretamente nela. Caso isso seja difícil, deixe-o o mais perto possível, num lugar protegido, onde ninguém mexa.

Se fizer esse feitiço só para o seu quarto, visualize, por exemplo, os seus irmãos tendo idéias muito importantes justamente quando estavam prestes a ir mexer nas suas coisas. Mas, se tiver visualizado muito intensamente o seu feitiço, pode ser que, fora você, ninguém consiga achar mais nada no seu quarto. Por isso, só renove o ritual quando for realmente necessário.

Caso você queira fazer esse feitiço para um objeto móvel, como uma bicicleta, por exemplo, vá em frente. Mesmo assim, convém usar um cadeado. Não se deve abusar da boa vontade dos espíritos. Então guarde o sachê de ervas no estojo do selim, na mochila ou simplesmente no bolso do casaco.

O FEITIÇO DA PROSPERIDADE

Quem acha suficiente o dinheiro que tem no bolso? E, por falar nisso, quem acha que tem dinheiro sobrando? Caso você queira fazer um ritual para aumentar a quantidade de dinheiro, leve em conta algumas coisas. Primeiramente, veja se quer simplesmente possuí-lo ou pretende usá-lo em alguma coisa. Se fizer um feitiço apenas para que ele aumente, pode acontecer justamente o contrário. Suponhamos que você viva comprando coisas para as outras pessoas e que, por isso mesmo, elas gostam de você. Mas, um belo dia, quando realmente precisar de um amigo — esses que foram "comprados" somem de uma hora para outra. Ou imagine-se querendo muito uma coisa caríssima e economizando para comprá-la. O bendito dinheiro acaba lhe dando o computador ou a motoca tão desejada, mas, no dia seguinte, ocorre-lhe algo ainda mais caro, e você continua se sentindo insatisfeito. Em tais situações, o feitiço do dinheiro não serve para nada, pois você nem sabe direito o que quer.

Em vez de ficar fazendo um feitiço do dinheiro atrás do outro, experimente o autêntico feitiço da prosperidade. Ele cuida para que você tenha exatamente o que *PRECISA* (dependendo das circunstâncias, pode ser que isso não seja a última versão do seu *game* preferido...).

No feitiço da prosperidade, emprega-se uma coisa idealizada por Luisa Francia, uma bruxa famosa. Ela a denomina o vaso da vovó.

Talvez na sua família não seja assim, mas é muito comum as mulheres administrarem o dinheiro das despesas cotidianas e decidirem como gastá-lo. Ou será que é o seu pai quem faz as compras diárias em sua casa? Pois chame o seu vaso simplesmente de vaso da vovó.

Para isso, você precisa de um vaso médio (desses de flores: o tamanho depende do espaço de que dispõe no quarto e do lugar em que pode guardá-lo sem que ninguém mexa). Se quiser, pinte-o, decore-o com um bonito estampado ou enfeite-o com coisas que combinem com o tema. Arranje uma tampa para ele (pode ser um prato ou um pires). Além disso, providencie um pouco de terra; pedras que combinem com dinheiro e finanças; objetos que, para você, estão ligados à idéia de abundância: por exemplo, moedas, jóias ou qualquer outra coisa que lhe ocorrer.

Escolha um lugar tranqüilo no norte do seu quarto ou, se estiver trabalhando ao ar livre, vire-se para o norte. Deposite o vaso nesse lugar e encha-o com alguns centímetros de terra. Estenda as mãos por cima dele e peça aos espíritos da terra e aos gnomos, aos antepassados e antepassadas, que transformem tudo no seu vaso da fortuna. Coloque dentro dele os outros objetos e tape-o. Guarde-o num lugar seguro, onde ninguém o abra, a não ser você. Se possível, é bom que esse lugar também fique no norte. Coloque no vaso da vovó tudo quanto tem a ver com dinheiro e prosperidade. Quando quiser determinada coisa, ponha lá dentro um retrato ou descrição dela. Se tiver de fazer um pagamento, ponha a conta. Não pense mais nisso e deixe a energia operar.

Como tudo o que tem a ver com dinheiro geralmente encobre coisas muito mais importantes, pode ser que o seu desejo não se realize. Mesmo que isso seja difícil de aceitar, acredite que é o melhor para você. Nunca se esqueça de que os espíritos do Universo (ao contrário das pessoas) não ligam o interesse próprio ao sucesso ou ao insucesso de um feitiço. Se eles se recusam a lhe dar uma coisa, é porque não seria bom ou porque faz tempo que esperam algo melhor de você. Se não conseguir entender por que o seu desejo não foi satisfeito, consulte o oráculo (veja acima).

Irmãos 🐖 e Outros Espíritos de Porco 🐖

Não seria fantástico poder fazer uma bruxaria para que os nossos queridíssimos irmãos sumissem de vez em quando? Principalmente quando eles resolvem nos dar nos nervos? Isso também vale para os pais implicantes e os amigos chatos. E, mesmo que não precisem desaparecer de vez, um ou outro feitiço ajudaria muito quando eles se põem a brigar ou a nos estressar. E, naturalmente, também seria ótimo se as coisinhas do dia-a-dia se arrumassem por si sós, num passe de mágica.

NO BANHEIRO, A MAGIA ENTRA PRIMEIRO

Se você acha importante ser o primeiro ou a primeira a usar o banheiro de manhã, há, como quase em tudo na vida, muitas maneiras de atingir o seu objetivo. Obviamente, a variante mais simples consiste em acordar bem cedo para não ter concorrência. Mas, se você não for um grande madrugador, esqueça. Experimente o sachê de ervas. Pode ser que ele não faça com que o banheiro esteja livre absolutamente todas as vezes, mas você vai se dar bem na maioria delas.

Para isso, você precisa de alguns ingredientes que, aliás, também podem ser usados na proteção da sua casa ou apartamento contra roubo (cf. p. 78). Para fazer o sachê de ervas, basta um pedaço de tecido de aproximadamente 10 cm × 10 cm. É melhor usar tecido de algodão, de preferência liso, sem nenhum estampado. Isso a gente encontra no setor de tecidos das lojas de departamentos, muitas vezes como saldo. Ou então peça um resto de pano à mamãe, à titia, à vovó ou a quem quer que costure. Além disso, pegue uma fita ou um mero barbante para amarrar e talvez pendurar o sachê. O conteúdo, neste caso, é o seguinte: uma avelã 🐾 e um anis-estrelado 🐾. Providencie ainda um pouco de cominho 🐾 (sem ser moído) e um pouco de alecrim 🐾. A avelã e o anis-estrelado significam sorte, quer dizer, você consegue entrar no banheiro antes de todo mundo ou comer o último pedaço de bolo que "por acaso" tiver sobrado. O cominho e o alecrim aumentam a percepção. Por exemplo, você sente que este é o exato momento de pular da cama e correr para o banheiro antes que alguém lhe passe à frente. Ou lhe ocorre abrir a geladeira exatamente na hora certa e encontrar nada menos do que a sua torta favorita. Além dos ingredientes do sachê de ervas, você precisa de uma vela. Escolha uma da cor que combina com o seu objetivo (cf. p. 152).

Deixe para preparar o sachê de ervas numa ocasião em que ninguém o estiver incomodando. Arrume tudo no seu lugar energético e relaxe um pouco. Feche o círculo mágico, se quiser, embora não seja obrigatório. Caso prefira trabalhar sem círculo mágico, peça às energias do Universo, aos anjos, aos espíritos elementares ou a quem estiver por perto que apóie o seu objetivo. Acenda a vela e segure a avelã e o anis-estrelado acima dela. Diga em voz alta ou baixa no que eles devem ajudá-lo. Formule o seu desejo com muita precisão, mas sem se prender muito aos detalhes. Do contrário, é possível que você seja o primeiro a entrar no banheiro, mas só de manhã. Ou que só consiga comer o seu bolo predileto aos sábados. Dê bastante espaço para que o Universo escolha a melhor variante para o seu caso.

Agora deposite a avelã e o anis no pedaço de tecido, pegue um pouco de cominho e espalhe-o por cima. Para reforçar, diga:

Fogo, água, ar e terra,
Sejais eficazes no meu feitiço.

Pegue um pouco de alecrim e espalhe-o por cima de tudo. Repita:

Fogo, água, ar e terra,
Sejais eficazes no meu feitiço.

Agora una os cantos do tecido, formando um saquinho, e ate-os com a fita ou barbante. Segure-o com as duas mãos e repita pela terceira vez a fórmula mágica. Não deixe de acrescentar a frase "Que se faça para o bem de todos" para não acabar ficando gordo e doente de tanto comer bolo. Se tiver trabalhado com um círculo mágico, chegou a hora de fechá-lo e aterrar-se. Agradeça em poucas palavras e pendure o sachê de ervas de modo que ele não o atrapalhe, mas esteja sempre "presente".

GRANDE E FORTE COM TORANJA

Caso, entre os irmãos, você não seja um dos mais velhos, com certeza já se perguntou como seria se você crescesse bem depressa e não tivesse de dar satisfação a ninguém. O próximo feitiço, que deve ser feito durante sete dias seguidos, não chega a transformá-lo num gigante, mas você vai ver que os pequenos também merecem respeito.

Arranje uma ou várias toranjas (ou *grapefruit*). Se não gostar de comê-las, aproveite-as para fazer uma salada de frutas para a família. No caso, o que lhe interessa são os caroços. Você vai precisar de pelo menos sete. Lave-os em água corrente, para que deixem de grudar, e espere até que estejam secos. Este feitiço dá mais certo se for feito na época da lua crescente, já que se destina a produzir e fortalecer algo. Na primeira noite que você tiver escolhido, pegue um caroço de toranja e ponha-se de costas para uma janela escancarada. Ao mesmo tempo que segura o caroço na palma da mão, desenhe com a outra um pentagrama reforçador (p. 54) sobre ele e diga:

Fogo, água, ar e terra,
o caroço me tornará mais forte.

Fique um momento com a outra mão acima dele e envie o seu desejo, jogando-o em seguida pela janela, por cima do ombro. Feche-a, mas não olhe para o lugar onde o caroço caiu.

Repita esse procedimento nas seis noites seguintes. Durante essa semana, você pode reforçar o feitiço, fazendo coisas que o fortaleçam e tratando de evitar tudo o que o torne "menor". Por exemplo, se você se sentir realmente bem quando sair com os amigos, empreenda alguma coisa com eles. Mas se tiver a impressão de que eles não gostam de você de verdade, só querem usá-lo ou que você faça com eles coisas que não combinam com um bruxo ou bruxa, é preferível deixá-los de fora durante essa semana. A grandeza e a força interiores o impedem de fazer coisas que você sabe que não lhe fazem bem só porque todos os outros as fazem.

A LAVANDA 🐈 PROPORCIONA PAZ, ALEGRIA E PANQUECAS

De vez em quando, há brigas até mesmo com os melhores amigos e com os irmãos mais legais do mundo. Para não mencionar com os pais. Mas a gente se sente melhor quando não há tanto *stress*. Portanto, se você quiser tratar de ter uma convivência melhor com os outros, a lavanda 🐈 e o quartzo rosa 🐈 ajudam muito nisso.

Vá para o seu lugar energético e relaxe um pouco. Descanse. Tome algumas folhas ou ramos de lavanda entre as mãos e concentre-se para que eles lhe dêem paz 🐈 e harmonia 🐈. Visualize o fluxo equilibrante e amigável da erva junto com o perfume da lavanda. Enquanto isso, pode esfregá-la de leve entre as mãos para realmente sentir o perfume.

Tendo feito isso, percorra a sua casa ou apartamento e espalhe a lavanda em todos os cômodos. Comece pela porta de entrada e avance em sentido horário. Por exemplo, primeiro desça ao porão e deixe um pouco de lavanda no primeiro cômodo à sua esquerda. Escolha um lugar onde ela não seja logo varrida quando fizerem a limpeza. Coloque a lavanda atrás ou no alto de um armário. Mas evite os lugares fechados (como os baús ou o interior dos armários).

Enquanto estiver espalhando a lavanda, peça aos gênios vegetais para protegerem esse lugar e conservarem todos de bom humor. Siga em frente, de cômodo em cômodo, até ter percorrido todo o porão. Faça exatamente a mesma coisa no andar térreo. Comece pela primeira sala que ficar à esquerda da entrada, ou seja, à esquerda de quem está à porta, olhando para dentro da casa/apartamento (para seguir em sentido horário). Ao terminar o ritual no rés-do-chão, suba aos andares superiores — se houver — e comece pela primeira sala à esquerda da escada. Se a sua casa tiver um desvão de fácil acesso para você, leve a lavanda para lá também. Quando tiver percorrido a casa toda, espalhando lavanda, volte para o seu lugar energético. Pare um instante e feche os olhos. Imagine todos os pedacinhos de lavanda envolvendo a casa em uma suave e invisível rede de energia positiva. Feito isso, pode abrir os olhos e respirar fundo algumas vezes para voltar ao aqui e agora.

Se quiser fazer mais uma coisa em favor do alto astral na casa, espalhe quartzo rosa em alguns lugares. Também pode dá-los de presente aos pais e irmãos, desde que eles também estejam dispostos a colocá-los em algum lugar. Um quartzo rosa no peitoril da janela atrai gente boa e faz com que os visitantes se sintam bem.

BICHOS DE ESTIMAÇÃO & CIA.

Por sorte, além de irmãos chatos e pais implicantes, na casa costuma haver companheiros dos quais a gente gosta muito. Sãos os cães, os gatos, os canários e outros quadrúpedes e aves. Principalmente quando se tem muita estima pelos bichos, desejamos que eles fiquem bem o máximo de tempo possível. Afinal, quem há de querer que aconteça algo ruim ao gato Felix ou ao Garfield? Então, por que não fazer um feitiço de proteção para os nossos bons amiguinhos, a fim de evitar que lhes aconteça alguma coisa, quando não estivermos por perto?

Manto protetor para cães, gatos e aves

Neste ritual, você vai precisar de tudo o que costuma usar em seu círculo mágico. À parte isso, deve providenciar uma vela vermelha e pedrinhas bem pequenas, as quais você mesmo pode colher. Particularmente boas são as lasquinhas de pedras semipreciosas disponíveis nas lojas de artesanato, geralmente vendidas em pequenos frascos de vidro. Procure na miscelânea um olho-de-tigre ou um cristal rosa e empregue-o no ritual. Se não tiver a menor possibilidade de conseguir as pedras, compre sal grosso no supermercado. Ele é muito útil, pois tem diversos empregos (veja também os feitiços caseiros 🐾, nos quais se pode pôr sal na água em vez de ervas). Arranje também um "sachê" onde colocar o endereço da "Fera" & Cia. e pendurá-lo em seu pescoço. Se o seu animal de estimação não usar coleira, depois do ritual pendure esse pequeno invólucro na gaiola ou no seu lugar preferido na casa. Isso também vale para os animais que usam coleira, caso você ache difícil pendurar o sachê nela.

Prepare tudo, descanse e relaxe como sempre. A seguir, feche o círculo mágico. No centro, acenda a vela vermelha e abra o sachê. Segure-o e assopre-o rapidamente ao mesmo tempo que visualiza a dispersão de todas as energias indesejáveis. Então mantenha as duas partes do sachê sobre a chama da vela. Tenha o cuidado de guardar uma boa distância para não se queimar. Deixe a energia do fogo da vela vermelha fluir nas duas partes do invólucro e diga:

Fogo, água, terra, ar, sou eu
que invoco a vossa proteção.

Repita três vezes essa fórmula.

Deposite o sachê à sua frente e pegue a pedra ou o sal grosso (cuidado! verifique antes se vai caber no pequeno invólucro). Proceda exatamente como com o sachê e torne a repetir três vezes a fórmula mágica. Enquanto isso, visualize quem vai receber essa proteção.

Com o sachê e a pedra/sal nas palmas das mãos, feche os olhos. Visualize o seu bichinho de estimação sentado à sua frente enquanto um manto protetor de luz dourada sai das suas mãos e o envolve. O sachê e a pedra são como uma âncora que fixa a rede luminosa. Ao terminar, faça com que essa visão desapareça e abra os olhos.

Agora guarde a pedra no sachê e feche-o bem. Segure-o mais uma vez sobre a chama e diga:

Fogo, água, ar e terra,
que o meu feitiço seja eficaz.

Repita três vezes esta fórmula de reforço e despeça-se da energia do seu ritual. Deixe o sachê de lado e aterre-se. Reabra o círculo mágico.

Agora trate de amarrar o sachê, o mais depressa possível, no pescoço do seu bichinho de estimação ou — se isso não for possível devido ao tamanho ou ao tipo de animal — pendure-o bem perto da gaiola ou do lugar em que ele mais gosta de ficar. Se tiver vários bichos, você pode usar um sachê para cada um ou o mesmo para todos. A rede protetora também funciona a distância, portanto, não se preocupe quando, por exemplo, o seu gato estiver dando umas voltas por aí. Por mais longe que ele esteja do sachê mágico, a proteção o acompanhará.

Escola 🐈 e Outras Catástrofes

Bom mesmo seria fazer a escola sumir a um simples movimento da varinha de condão. Talvez bastasse dar um jeito para que só o professor de matemática, inglês ou história se dissipasse no ar. Pena que isso é impossível. É claro que seria possível prejudicar muita gente com a magia negra, mas lembre-se de que todo o mal acabaria voltando para você. E, segundo a lei da bruxaria, voltaria triplicado. Mas tem graça prejudicar a si mesmo? Portanto, que tal tentar verdadeiras obras de arte mágicas que facilitem o aprendizado, cimentem as amizades ou tornem a malandragem (quase) desnecessária?

APRENDENDO 🐈 NA MOLEZA

Este ritual também inclui alguns exercícios de relaxamento e concentração. Eles reforçam o ritual e o ajudam, no cotidiano, a concentrar a atenção no seu objetivo. Permite-lhe, enfim, aproveitar mais o tempo, em vez de passar horas e horas decorando as coisas. Ocorre que, mesmo com o auxílio da magia, é impossível dispensar totalmente a aprendizagem. Isso tem a ver com a própria natureza humana, infelizmente. Mas, antes que você comece a chorar e vá embora, porque já está cansado de ouvir esta ladainha, leia até o fim. Então, se continuar convencido de que a vida seria muito melhor sem ter de aprender, pode jogar o livro num canto ou, o que vale mais a pena, dá-lo de presente.

Embora nenhum de nós se lembre, o aprendizado começou no próprio momento em que nascemos. Preste um pouco de atenção à sua respiração. Parece tão fácil que, em geral, nem nos lembramos de que respiramos. No entanto, o mero inspirar o ar foi a primeira coisa que tivemos de aprender, por mais que pareça uma coisa automática. E continuou com o comer, o andar, o falar e muitas outras coisas. Claro, todas elas são muito úteis, mas, afinal, que utilidade tem a matemática? Caso você não tenha a intenção de ser programador nem contador, raramente vai aplicar os modelos mais complexos de cálculo (mesmo que de vez em quando, ao comprar alguma coisa, tenha de fazer uma ou outra conta). Mas também é verdade que, mesmo que você nunca volte a usar uma fórmula ou um vocábulo latino, uma coisa eles ensinam: a aprender. Isso sempre lhe será útil. Afinal, é exatamente o que você está fazendo ao ler este livro, pois experimentar os rituais que ele ensina também é aprender. Seja bebê, seja velhinho, o ser humano passa a vida inteira aprendendo. A grande queixa é que, na escola, há muito conteúdo que todo mundo sabe que nunca mais vai usar. Mas, se provar coisas interessantes como os rituais ou outros exercícios mágicos, você os dominará muito mais — graças ao aprendizado em todos os outros setores. Mesmo que isso não seja um grande consolo para as tardes sem brincar e as listas chatíssimas de vocábulos, pelo menos esse não terá sido um tempo perdido.

Agora passemos ao ritual para a memória cansada. Você pode realizá-lo quantas vezes quiser. Se preferir aplicá-lo a uma matéria, adote a versão longa. Se quiser fazer alguma coisa para cada prova e cada trabalho, escolha a variante mais breve. Se tiver vontade, pode criar a sua versão bem abreviada, incluindo cores, pedras ou outros objetos que não aparecem no original.

O grande ritual da aprendizagem

Este grande ritual vai lhe tomar uma semana inteira, se bem que só em um dia você terá de executá-lo do início ao fim. Nos outros, basta fazer exercícios simples que apóiem o todo.

À parte os objetos normalmente usados nos rituais, providencie alecrim e cominho, assim como um pedaço de tecido, no qual você vai embrulhar e guardar tudo. Além disso, pode acrescentar uma aventurina 🐾. Se não a conseguir ou a achar muito cara, pegue um cristal rosa mesmo 🐾. Mas, antes de usá-lo, "programe-o" para a energia necessária ao seu ritual. Para tanto, segure o cristal rosa na mão e assopre-o com força. Ao mesmo tempo, visualize a pedra se limpando e purificando-se de tudo que não interessa. Agora tome-a entre as mãos e concentre toda a atenção na pedra. Sinta-a e entregue-se à essência do cristal. Talvez você se sinta muito relaxado ou veja imagens. Depende exclusivamente do seu acesso muito pessoal às coisas mágicas. Não espere nada, apenas deixe acontecer. Se tiver a impressão de que está ligado à sua pedra, peça aos gênios dentro dela que o apóiem e absorvam a energia da aventurina. Não precisa fazer uma descrição maravilhosa dessa energia. O cristal "sabe". Afinal, tudo está ligado a tudo. Por isso o seu eu interior sabe tão bem quanto o cristal do que uma aventurina é capaz. Coloque esse cristal assim transformado junto com as ervas, no centro do círculo mágico.

Para iniciar o ritual, descanse e relaxe como de costume. Feche o círculo mágico e coloque-se no centro. Ali, em primeiro lugar, pegue a aventurina (ou cristal) e peça para essa energia ajudá-lo na aprendizagem. Procure não pensar em matérias determinadas, expresse o seu desejo de modo bem genérico, voltado para todas as formas de aprendizagem. Então você poderá usar a sua pedra praticamente o resto da vida para aprender. Ponha-a no pedaço de tecido e salpique um pouco de alecrim. Enquanto isso, manifeste em voz alta ou baixa o desejo de aprender bem. Escolha suas próprias palavras para exprimi-lo e decida, já antes do ritual, o que vai dizer. Enquanto isso, visualize-se aprendendo com muita facilidade e prazer. Reforce tudo com palavras como, por exemplo:

Com pedra, cominho e alecrim,
aprender é fácil para mim.

Agora salpique a pedra com um pouco de cominho. Ao mesmo tempo, visualize-se, uma vez mais, aprendendo com a maior facilidade do mundo. Reforce tudo com uma fórmula mágica:

Com pedra, cominho e alecrim
aprender é fácil para mim.
Pedra, erva e energia elemental
tornam o meu feitiço eficaz.

Fique algum tempo com as mãos estendidas sobre os ingredientes, a seguir, embrulhe-os no tecido. Aterre-se e relaxe. Reabra o círculo mágico, como de hábito.

Guarde as ervas e a pedra num lugar bem protegido, você vai precisar delas nos dias seguintes.

O pequeno ritual da aprendizagem

Na verdade, o pequeno ritual é uma parte do grande. Se tiver escolhido o programa completo, comece pelo grande ritual descrito acima e faça os minirrituais abaixo nos seis dias subseqüentes. Quando já tiver executado uma vez o ritual maior para este tema, limite-se a fazer os exercícios breves para refrescar. Afinal de contas, você não há de gastar todo o seu tempo livre aprendendo rituais.

No seu lugar energético, pegue as ervas embrulhadas (cominho e alecrim). Descanse e relaxe um pouco. Você não precisa do círculo mágico. Pegue uma folhinha de alecrim e uma semente de cominho e acrescente a eles a aventurina (ou o cristal, *vide* acima). Estenda a outra mão sobre eles e visualize-se aprendendo sem o menor esforço. Caso você queira aprender uma coisa ou uma matéria determinada, imagine-a agora. Quando terminar, enterre o alecrim e o cominho. Peça à Mãe Terra que acolha o seu desejo. Isso pode ser feito no jardim, no quintal ou num lugar mais distante. Se não puder sair, a terra de um vaso também serve. Mas evite usar sempre o mesmo vaso para não acabar desenterrando as fórmulas mágicas enterradas.

Volte a guardar a aventurina com as ervas e embrulhe-as. Se quiser, pode também levar a aventurina consigo e, de vez em quando, tornar a carregá-la com o feitiço. Simplesmente obedeça ao seu sentimento. Se achar necessário pôr mais energia mágica no aprendizado, tudo bem. Em todo o caso, convém renovar o feitiço pelo menos uma vez por ano.

Vocabulário 🐾 num passe de mágica

Para melhor aprender línguas — assim como qualquer outra matéria —, você pode empregar meios auxiliares bem corriqueiros, além dos mágicos. Ao que tudo indica, a memória está muito ligada aos odores — não é à toa que a gente continua não gostando até hoje daquele mingau de aveia de que não gostava quando pequeno, por causa da tia Fulana. Você pode se valer desse fato quando estiver estudando para um trabalho ou uma prova particularmente importante, empregando determinados cheiros. Mas só escolha cheiros de que você goste, do contrário não dá certo. Como é grande o número de ervas frescas e de óleos etéricos à nossa disposição (sobre isso, cf. p. 147), você não vai ter dificuldade em encontrar perfumes que lhe agradem.

O melhor é escolher um perfume diferente para cada matéria. Por exemplo, cebolinha para matemática e sálvia para inglês. Quando tiver de estudar inglês, cheire um frasquinho com óleo de sálvia. Ou pingue uma gota de essência na lâmpada do abajur para que o cheiro se espalhe. Trate de usar sempre o mesmo perfume em cada disciplina. Senão você acaba se confundindo.

No caso de um trabalho de classe ou uma prova, é bom levar o perfume correspondente para a escola. Para isso, o melhor é usar óleo aromático, pois é prático e vem em pequenos frascos. Tratando-se de ervas secas, coloque-as num sachê para que elas não se espalhem na carteira e em toda parte. Quando estiver fazendo a prova ou o trabalho, inspire de vez em quando um pouco do seu perfume e feche os olhos por um momento. Lembre-se de como você se sente quando relaxa antes de iniciar um ritual. Sinta-se assim agora, se bem que sem entrar em transe mágico.

Sachê 🐾 para a prova mágica 🐾

Se, em vez de um óleo, você preferir levar um sachê de ervas para a prova de inglês ou qualquer outra, ponha nele, além das ervas secas, um cristal ou uma opala, para citar só dois exemplos. Como sempre, você precisa apenas de um pedaço de tecido e de um barbante, fita ou linha para fazer o sachê. Como no caso o que importa é o cheiro, é bom usar um tecido limpo. Mas, ao lavá-lo, não use um sabão comum ou em pó que seja muito perfumado. Como se trata de aprendizagem, o amarelo é uma cor particularmente adequada. Ele representa as energias intelectuais. Mas também pode ser o verde, cuja ênfase está na mudança. Neste caso, significa que se trata bem mais do resultado, em termos de boas notas, do que de fixar o que foi aprendido. Se quiser, pode combinar as duas cores e, assim, aproveitar todas as possibilidades.

Antes de pôr a pedra no sachê, carregue-a de energia. Isso é possível como um simples exercício ou com um ritual completo. Se você optar pelo ritual, comece por fechar o círculo mágico, como sempre, e colocar-se no centro. Se for apenas um exercício, fique no seu lugar energético, relaxe e comece a preparar o sachê de ervas.

Em primeiro lugar, ponha o tecido e a fita ou barbante no centro do círculo (se for com ritual) ou no seu lugar energético (se for sem ritual). Em ambos os casos, segure a pedra entre as mãos e concentre nela a atenção para aumentar a sua capacidade de aprender. Feche os olhos e relaxe. Então peça aos gênios da pedra que lhe transmitam força e energia para que o seu propósito se realize.

Feito isso, ponha a pedra no pedaço de tecido. Acrescente uma boa quantidade de ervas secas. Deve ser o suficiente para que você possa segurar e apertar o sachê sem que a pedra lhe machuque a mão.

Quando estiver pondo as ervas no tecido e sobre a pedra, visualize sua energia especial e peça-lhe ajuda. Amarre o sachê e passe ainda um momento segurando-o entre as mãos. Torne a visualizar o seu objetivo e reforce-o como um *Assim seja e assim se faça*. É claro que também pode usar outra fórmula mágica de reforço.

Agora reabra o círculo mágico. Se não o tiver usado, respire fundo três vezes, prendendo o ar nos pulmões, e diga em voz alta ou baixa: *Aqui estou*. Guarde o sachê na mochila ou na sua escrivaninha em casa. O armário do colégio, caso você tenha um, também é um bom lugar.

PROTEÇÃO CONTRA ESPÍRITO DE PORCO 🐾

É superchato quando aparece gente, na classe ou no pátio, que não deixa os outros em paz. Infelizmente não falta quem tenha a maldade de zombar dos colegas ou até de magoá-los e chantageá-los. Se houver alguém assim na sua escola ou se você ficar sabendo que há, não faça segredo disso. Mesmo tomando as medidas de proteção descritas abaixo, é importante conversar com outra pessoa sobre esse problema. Não tem de ser necessariamente os seus pais. Na maioria das escolas, há um professor ou um orientador educacional de confiança. Eles sabem lidar com esse tipo de situação e podem ajudá-lo. Se não tiver com quem conversar no colégio, nem quiser levar o problema para os seus pais, procure na lista telefônica o número dos serviços de atendimento às crianças. Você certamente terá ajuda e apoio, e ninguém lhe fará perguntas embaraçosas. Não queira depender exclusivamente do auxílio da magia, pois os espíritos do Outro Mundo não gostam que a gente viva se balançando numa rede mágica. É importante estabelecer equilíbrio entre o trabalho mágico e a vida cotidiana. Portanto, seja ativo em muitos campos diferentes e trate de procurar novos caminhos quando a primeira possibilidade não der resultado. Não desista, pois, por mais que os outros digam o contrário, não é nada bom ameaçar, intimidar ou maltratar as pessoas.

Se você ou quem quer que seja estiver precisando de proteção, o sachê de ervas 🐾 é uma boa ajuda. Vai precisar de manjericão 🐾, hortelã 🐾 e louro 🐾: não aos quilos, bastam algumas pitadas. Se não encontrar ervas frescas, use-as secas mesmo. Você mesmo pode colhê-las no verão e secá-las ou simplesmente "assaltar" a cozinha da mamãe e pegar um pouco. Para fazer um sachê, é importante que as ervas estejam bem secas, do contrário, é possível que embolorem, o que não é desejável.

Para o feitiço de proteção, providencie tudo o que costuma usar nos rituais. Além disso, arranje um pedaço de tecido e uma linha ou barbante vermelho para amarrá-lo no fim. Consiga também algumas velinhas de aquecer chá: se possível, das que vêm num pequeno recipiente de vidro. Mas não se esqueça de colocá-las numa base resistente ao calor (por exemplo, um aparador de panela) para que nada pegue fogo.

Prepare tudo e descanse um pouco. Como de costume, relaxe e feche o círculo mágico.

Começando no Leste, acenda uma velinha em cada ponto cardeal (Leste, Sul, Oeste, Norte) e visualize uma parede protetora de luz. Imagine-a como uma espécie de redoma que o protege contra tudo o que não lhe faz bem. Com isso, você cria um círculo luminoso no interior do seu círculo mágico. Agora vá para o centro, ponha uma pitada da primeira das três ervas na palma da mão e assopre-a de leve. Ao mesmo tempo, visualize os gênios vegetais dessa erva ligando-se à sua redoma dourada. A seguir, ponha a pitada de erva no pedaço de tecido. Faça exatamente a mesma coisa com as outras ervas.

Feche o sachê com a linha e segure bem as extremidades com uma das mãos. Gire-o sobre a sua cabeça. Enquanto isso, visualize a energia espalhando-se ao seu redor e reforçando e firmando a redoma protetora. Deposite o sachê à sua frente e feche os olhos (se ainda não os tiver fechado). Com os olhos interiores, traga a redoma para bem perto de você, até que ela se transforme numa segunda pele. Deixe esse invólucro luminoso apagar-se lentamente, sabendo que a proteção continuará presente, mesmo que já não se veja nada.

Retorne totalmente para o círculo mágico. Aterre-se e relaxe. Abra-o. Guarde o sachê em um lugar seguro, onde ninguém o ache, nem mexa nele, nem o tire do lugar.

Você pode reforçar e "polir" a redoma de luz dourada sempre que achar necessário. Basta sentar-se tranqüilamente e fechar os olhos. Deixe o brilho dourado cercá-lo e iluminá-lo. Imagine-se no cume de um morro muito alto, com o Sol a iluminá-lo de frente. Envie para o Sol um fio dourado que sai do seu coração (fica à esquerda). Deixe que a luz solar venha descendo por ele, até chegar ao seu coração, e sinta-se repleto dela, sinta-se reluzindo em todas as partes do corpo. Fique muito atento ao encher a redoma protetora de energia solar. Quando tiver a impressão de que tudo fulgura real e inteiramente, cesse a ligação com o Sol e torne a puxar o fio luminoso para dentro do coração. Volte cautelosamente a atenção para o aqui e agora e diga: *Aqui estou* antes de abrir os olhos.

Cuidado! Nem pense em usar a sua redoma protetora para desafiar ou irritar os outros. Ela não serve para isso, será inútil. Se houver abuso, essa energia pode acabar se voltando contra você.

Amuleto 🐈 protetor de todo dia

O amuleto funciona do mesmo modo que o sachê de ervas. No entanto, é mais discreto e mais fácil de levar consigo. Você pode usá-lo diariamente como jóia ou enfeite. Se alguém lhe oferecer outro feitiço de proteção, saiba que um amuleto desses é um ótimo presente para dar em troca.

Geralmente é bom usar pedacinhos de madeira nos amuletos de proteção. Encontram-se praticamente em toda parte e são fáceis de manipular. Apanhe apenas os galhos caídos ou pedaços de madeira seca. Não corte a madeira viva de uma árvore, pois, neste caso, você estaria colhendo o tipo completamente errado de energia. Se não souber ou não gostar de lidar com ferramentas, peça ao seu pai ou a um irmão mais velho que tire lascas de um galho ou de um toco.

Quando já não for possível tirar mais lascas, a madeira está pronta para ser usada no seu ritual.

Além dos ingredientes habituais do círculo mágico, você precisa de um prego (ou de uma ferramenta com que furar a plaquinha de madeira) e de um pouco de incenso. Vale a pena ter incenso de verdade mesmo, mas, se não for possível, pode usar os bastões da sua preferência. Não esqueça de providenciar um recipiente com areia para não espalhar cinza ou brasa pelo quarto. Arrume tudo, descanse e relaxe. Abra o círculo mágico.

Acenda o incenso. Se for usar pedaços de carvão, acenda-os com uma certa antecedência para que fiquem incandescentes a tempo, do contrário, pode demorar muito. Pegue as placas de madeira e aproxime-as da fumaça que, por um lado, a purifica e, por outro, transporta o seu desejo ao Outro Mundo. Enquanto visualiza as lascas de madeira ampliando a redoma dourada de proteção (*vide* acima), diga:

Da madeira e do incenso,
eu quero a proteção,
com fogo, água, terra e ar,
o meu feitiço vai funcionar.

Se estiver fazendo um amuleto para si, visualize-se sendo envolvido pela energia do amuleto. Sendo para outra pessoa, imagine-a. Risque no amuleto uma das muitas formas de cruz ou então um pentagrama vertical. Ambos são antigos símbolos protetores e ambos são igualmente bons. Escolha o da sua preferência ou o da preferência do futuro dono do amuleto. Antes do ritual, trate de aprender a desenhar um pentagrama ou uma cruz para não perder tempo. Ao terminar, segure mais uma vez o amuleto sobre a fumaça e repita a fórmula mágica. Ao mesmo tempo, imagine o incenso firmando a sua magia e enchendo de vida o símbolo da redoma protetora. Então ponha o amuleto de lado. Relaxe, aterre-se e, por fim, torne a abrir o círculo mágico como de costume.

Se quiser, trabalhe um pouco mais o amuleto após o ritual. Você pode poli-lo para que fique mais bonito, fazer um buraco (caso queria usá-lo como enfeite) ou pintá-lo, envernizá-lo ou encerá-lo. A imaginação não tem limites.

Um amuleto desses, você pode levar consigo ou pendurá-lo em um lugar visível. Se for para proteção pessoal, é melhor andar sempre com ele.

OS MAL-ENTENDIDOS 🐾 SE DISSOLVEM NO LIMÃO

Quem já não viu isso: tudo vai indo às mil maravilhas com os amigos, mas eis que, de uma hora para outra, por causa de um comentário tolo, a bela amizade acaba em briga. E o pior nessas brigas é que, no fim, ninguém mais sabe como foi que começaram ou por que aconteceram. Muitas vezes a gente acaba perdendo uma amizade por conta de uma bobagem ou de um mal-entendido ridículo. Para evitar essas situações e promover a reconciliação, há um ritual da amizade 🐾 que, por um lado, desmancha esses nós nas relações e, por outro, reforça a amizade.

Como em todos os casos em que há outras pessoas envolvidas, tome muito cuidado para não acabar fazendo magia negra por engano. Afinal de contas, você não está querendo nenhum amigo zumbi, e sim uma pessoa com quem se divertir, mas que também fique do seu lado nos momentos difíceis — e de livre e espontânea vontade, sem coação mágica.

Para dissolver as coisas que atrapalham uma amizade, são necessários os objetos habituais para os quatro pontos cardeais, assim como os outros que você costuma usar nos rituais. Fora isso, pegue um limão 🐈 e cerca de uma dúzia de sementes de girassol 🐈. A energia do cítrico apóia a amizade que você quer ter. As sementes de girassol lhe dão coragem para se aproximar dos outros e reconhecer os seus erros.

Quando estiver com tudo pronto, descanse um pouco e relaxe. Feche o círculo mágico como sempre e fique no centro. Pegue o limão e role-o um pouco, para lá e para cá, entre as palmas das mãos. Simultaneamente, visualize como a amizade se desenvolveu até agora: mas procure observar somente os acontecimentos bons, deixando o resto de lado. Quando tiver adquirido um sentimento positivo por essa amizade, pegue uma semente de girassol e enfie-a no limão. Você pode furar a casca com a unha e não é preciso enfiar a semente até o fundo.

Enquanto isso, visualize-se conversando com o seu amigo ou amiga sobre o mal-entendido que os deixou estremecidos. Diga, por exemplo: *Eu fui muito grosseiro quando fiquei zangado com você*. Ou então: *É uma pena a gente ter parado de falar um com o outro*. Seja sincero e deixe claro para você mesmo qual foi o seu papel nessa briga. Diga unicamente frases que incluam a palavra *eu*. Isso o impede de desviar a atenção. De uma briga sempre participam duas pessoas. Ninguém briga sozinho. Quando não lhe ocorrer mais nada, fique um momento segurando calmamente o limão espetado.

Agora passe para a segunda parte, na qual você pega uma semente de girassol ao mesmo tempo que pensa em como quer que a relação entre você e seu amigo fique daqui por diante. Por exemplo, visualize os dois fazendo as pazes ou algo assim. Concentre-se no seu desejo, não pense no que a outra pessoa deve fazer ou deixar de fazer. Também agora, quando tiver espetado as sementes de girassol no limão, cada uma delas levando tudo que é importante para você, passe mais um momento com o cítrico na mão.

Reforce o ritual com as palavras: *Que assim seja e assim se faça para o bem de todos*. A última parte da frase tem uma importância muito especial nesse ritual, portanto não se esqueça de dizê-la. Agora relaxe e aterre-se. Como de costume, reabra o círculo mágico.

É melhor enterrar o limão. Você pode também jogá-lo num rio, caso haja um perto da sua casa. Seja como for, o importante é nunca mais voltar ao lugar onde o tiver deixado, para que você não torne a encontrá-lo por acaso.

DO GRANDE AMOR 🐒
À DOR-DE-COTOVELO 🐒

Quem não quer um grande amor na vida ou pelo menos um parceiro bonitão ou uma linda namorada com quem não só passar horas românticas como também viver grandes aventuras? E, se essa pessoa for a cara de Ricky Martin ou o retrato da Britney Spears, tanto melhor. E é aí que começa o problema. Mesmo quem acha o seu amor um encanto vê a coisa de modo muito diferente quando se trata de si mesmo. O nariz meio torto, uma gordurinha sobrando aqui ou ali, ou então nenhuma curva ou nenhum músculo onde devia haver. Afinal, quem parece galã ou diva de cinema? Pois bem, por que não recorrer à bruxaria para ficar mais atraente?

ERVA-CIDREIRA 🐒 EMBELEZA

Qual é a vantagem de encontrar uma perfeição de rapaz ou garota se *ELE/ELA* não lhe dá bola? Mesmo tendo infinitamente mais charme do que o Corcunda de Notre Dame, pode ser que você não consiga chamar a atenção como quer. Que fazer para despertar interesse em quem lhe interessa? A erva-cidreira torna isso possível.

Você vai precisar de tudo que normalmente usa no seu círculo mágico e, além disso, de algumas folhas de erva-cidreira, coisa que se encontra em qualquer horta ou quitanda. Precisará também de uma vasilha de água e de um pedaço de tecido, de preferência vermelho. Quanto à vasilha, o importante é que não seja de plástico nem de metal, isso atrapalha qualquer ritual. Já o vidro, a porcelana e a cerâmica são adequados. Fora isso, providencie uma garrafa limpa (de vidro), com tampa, e um funil. Se tiver um pé de erva-cidreira, colha as folhas na noite anterior à lua cheia; ou então, guarde as folhas secas até essa data. Não esqueça de agradecer à planta.

A segunda parte do ritual deve ser executada numa noite de lua cheia.

Na véspera, prepare tudo, descanse e relaxe. A seguir, feche o círculo mágico como de costume. Pegue as folhas de erva-cidreira e jogue-as na água. Com as duas mãos, mexa três vezes em sentido horário. Ao mesmo tempo, mentalize o quanto você é bonito ou bonita. Mas não se perca em fantasias com figuras como Madonna ou Brad Pitt, sobretudo se você estiver mais para Olívia Palito ou Rei Momo. Seja realista e trate de visualizar VOCÊ mesmo: você com a sua melhor aparência. É o que basta. Supondo que você seja meio rechonchudo ou um tanto mais magro do que devia, visualize-se tal como gostaria de ser. Mas fique com os pés no chão. Uma gordinha não se transforma numa *top model* de um dia para o outro, e um garotão que é pele e osso não há de virar nenhum Schwarzenegger. Em seguida cubra a vasilha com o tecido vermelho. Relaxe e aterre-se. Volte a abrir o círculo mágico.

Na noite de lua cheia, pegue a sua água de erva-cidreira e feche o círculo mágico como sempre. Tire o tecido que cobre a vasilha e encoste as mãos na superfície da água de modo a apenas umedecê-las. A seguir, passe-as no rosto e visualize a energia construída na véspera transferindo-se para você. Afunde um pouco mais as mãos na água e esfregue o seu elixir da beleza nas mãos, nos braços, nas pernas e em todas as partes do corpo que lhe forem importantes. Não precisa ficar molhado como um pinto e não faz mal se algumas partes continuarem secas. A força do feitiço não vai diminuir por causa disso. Continue imaginando a aparência que gostaria de ter e, se possível, como você gostaria de se sentir com ela. Só não faça uma coisa: nada de tentar visualizar a aparência que deve ter a pessoa que vai se apaixonar por você (falaremos disso mais adiante). Quando terminar, torne a cobrir a água. E, como sempre, reabra o círculo mágico.

Encha a garrafa com a água da vasilha. Você pode guardá-la na geladeira durante algumas semanas e misturar um pouco dela com a água do banho ou de lavar o rosto. Quando a usar, não se esqueça de se visualizar, tal como no ritual.

Se não obtiver erva-cidreira, ponha o seu âmbar 🐈 ou mesmo um colar de âmbar na vasilha de água. De resto, proceda como explicamos acima.

BANHO RITUAL 🐈 PARA O GRANDE AMOR

Dizem que Cleópatra já tomava banho de leite, e nada é mais fácil do que imitá-la. Para isso, providencie uma xícara bem cheia de leite 🐈. Para o banho do amor 🐈, você também vai precisar de uma ou duas colheres de chá de mel 🐈 e de um ou dois punhados de pétalas de rosa 🐈. Se possível, pegue pétalas frescas, mas não se esqueça de agradecer o presente à roseira. Desde os tempos mais remotos, as rosas figuram entre os ingredientes indispensáveis para qualquer tipo de feitiço de amor romântico. O melhor é tomar um banho de leite, mel e pétalas de rosa, mas, se não for possível, você encontra no fim deste capítulo a explicação de como tomar o banho do amor mesmo sem banheira.

No ritual, você vai precisar de tudo que costuma usar no círculo mágico. Mas desta vez ele será feito no banheiro. Se não tiver como dispor as coisas no devido lugar, coloque-as numa bandeja no chão. Assim, você pode sair de lá rapidamente e não perde tempo com uma longa preparação e arrumação. Faça o ritual do banho 🐈 numa hora em que realmente ninguém queira usar o banheiro. Avise antes que pretende tomar um banho demorado para que ninguém reclame e você tenha sossego.

Uma vez no banheiro, encha a banheira com água quente. Enquanto ela for se enchendo aos poucos, descanse e relaxe. Então feche o círculo mágico como de costume.

Ao terminar, verta o leite na água e, ao mesmo tempo, peça uma forte radiância e uma beleza que brilhe como o leite na água. Mas procure ser breve, não precisa contar um romance. Se não lhe ocorrer nada, experimente esta fórmula mágica:

Água, rosa, leite e mel.
Que venha o amor e seja eterno.

Agora é a vez do mel. Esteja ele líquido ou endurecido, pegue uma boa porção na mão e misture-a com o banho de leite. Não se esqueça de mexer a água em sentido horário. Enquanto isso repita a fórmula acima ou simplesmente visualize-a. Repita-a quantas vezes forem necessárias, até sentir que a água está bem carregada. Imagine-se "doce" como o mel na companhia do seu amor. Mas tenha cuidado neste ponto. Não pense de modo algum em uma pessoa determinada. Se sentir que não consegue evitá-lo, é melhor interromper o ritual. Do contrário, você se arrisca a ficar "amarrada" a uma pessoa que pode acabar se revelando a mais chata de todos os tempos ou uma supertola (mesmo que, no momento, seja impossível imaginar tal coisa!). Procure visualizar exclusivamente a si mesmo e aos sentimentos que tem quando encontra uma pessoa verdadeiramente maravilhosa.

Em terceiro lugar vêm as pétalas de rosa. Jogue-as na água ao mesmo tempo que visualiza como tudo é leve. Tenha clareza de que a pessoa certa atravessará por si só o seu caminho. Não há necessidade de nenhum esforço da sua parte. Por último, torne a reforçar tudo com a fórmula mágica ou com um nítido *Que assim seja e assim se faça.* Não esqueça de dizer que o seu feitiço deve ser para o bem de todos.

A seguir, entre na banheira e acomode-se confortavelmente. Esfregue a água nos braços, nas pernas, no rosto e em todas as partes do corpo que você acha importantes. Visualize-se absorvendo a energia da água magicamente carregada, visualize-a espalhando-se em todo o seu corpo. Quando você terminar, é provável que a água já esteja fria e esteja na hora de sair da banheira. Não fique à toa, com o pensamento longe: isso distrai, perturba a concentração. Ao terminar, saia rapidamente. Aquele banho gostoso, com direito à leitura ou a um cochilo, fica para uma outra vez, quando não houver magia.

Tendo saído da banheira, abra o círculo mágico antes de se enxugar. Ao soltar a água, devolva com ela a energia amorosa aos elementos e peça, em poucas palavras, que essa energia se espalhe por toda parte para que o seu poder de atração se desdobre e se fortaleça ao máximo. Se achar necessário, relaxe um pouco.

Recolha as pétalas de rosa que ficaram na banheira e enterre-as. Também pode misturá-las à compostagem ou espalhá-las num parque, numa floresta ou num lugar semelhante (só não as jogue no lixo).

Se não quiser tomar banho ou não tiver banheira em casa, faça o feitiço do amor na pia mesmo. Basta usar uma quantidade menor de ingredientes e espalhar no corpo a mistura água-leite-mel com a ajuda de uma esponja ou de um lenço. Esquecer uma ou outra parte, não é nenhuma tragédia; em todo caso, procure absorver energia por todo o corpo.

CARREGANDO O QUARTZO DO AMOR

Se quiser uma espécie de talismã para as coisas do amor, o que mais convém é uma pedra semipreciosa para levar no bolso. É discreta e fácil de cuidar. Neste caso particular, arranje um cristal rosa ou um quartzo rosa. Caso pretenda andar sempre com a sua pedra, escolha uma já polida, sem arestas cortantes. Também debaixo do travesseiro é melhor colocar uma pedra já lapidada. Se não a encontrar na loja de departamentos ou de artigos esotéricos, procure num brechó. Quem procura sempre acha, por um bom preço, coisas fantásticas para os rituais.

Antes de iniciar o seu, limpe bem a pedra e purifique a sua energia (como fazê-lo está na p. 156).

Além dela, você vai precisar de um copinho de licor cheio de óleo essencial, de umas três gotas de Ylang-Ylang, de uma vasilha mais ou menos do tamanho da palma da sua mão e de um bom punhado de pétalas de rosa. O ideal é que sejam vermelhas, que é a cor do amor. As cor-de-rosa também servem, mas, se não forem vermelhas nem rosadas, deixe para fazer o ritual em outra ocasião. Convém você colher as pétalas pessoalmente. Se, para tanto, tiver de tirar uma ou mais flores da roseira, não se esqueça de lhe agradecer o sacrifício. Quando estiver preparando o ritual, encha o copinho de óleo essencial e adicione as três gotas de Ylang-Ylang.

Se quiser enfeitar o seu lugar de energia, pegue tudo que você relaciona com o tema amor. Corações, pedras, bichos de pelúcia ou qualquer outra coisa que lhe ocorrer. Mas também neste caso não deve ser nada ligado a uma pessoa determinada (fora você mesmo, é claro, o seu ursinho de pelúcia pode participar tranqüilamente) O melhor dia para esse feitiço é a sexta-feira, o dia da deusa romana Vênus 🐈. À parte isso, é bom escolher o período do quarto crescente, pois, afinal, trata-se de aumentar o amor.

Prepare tudo e descanse. Quando estiver bem relaxado, feche o círculo mágico. Ponha no centro a vasilha de pétalas de rosa e coloque a pedra sobre elas.

Mentalize o seu desejo no quartzo: veja-se a si mesmo tocando o cristal no bolso do casaco, por exemplo, e sentindo-se imediatamente repleto de um brilho que atrai magicamente as outras pessoas. Veja-se cercado de gente ou então perdidamente apaixonado, conforme for o seu desejo. Quando estiver nesse delicioso transe, mergulhe os dedos na mistura de óleo e pegue a pedra. Unte-a de óleo e continue visualizando alegremente. Esfregue nela toda a força do seu desejo. Ao terminar, reponha o quartzo do amor no leito de rosas e cubra-o completamente com as pétalas. Por último, estenda as mãos sobre a vasilha e diga um vigoroso *Que assim seja e assim se faça*.

Relaxe um instante e, se for necessário, aterre-se. A seguir, você pode reabrir o círculo mágico. Durante pelo menos uma noite, deixe a pedra absorver a energia de todo o material usado no ritual. Na manhã seguinte, tire-a da vasilha e leve-a consigo. Se ainda estiver um pouco oleosa, remova o excesso com a mão, mas nem pense em lavá-la, pois isso significa jogar fora toda a energia amorosa nela concentrada e voltar à estaca zero.

Se não quiser andar com a pedra no bolso, coloque a vasilha com as pétalas perfumadas perto da sua cama. Você provavelmente vai sonhar com a pessoa que mora no seu coração. Quando as pétalas murcharem, ponha o quartzo do amor debaixo do travesseiro. Espalhe as pétalas na natureza ou misture-as à compostagem (só a lata de lixo é tabu).

CORNALINA 🐈 DÁ CORAGEM

Gostar de uma pessoa está longe de significar ter coragem de se aproximar dela e se declarar. Se o seu coração pula no peito cada vez que você pensa nela, trate de se reforçar com cornalina. É bom pendurar essa pedra no pescoço e, assim, levá-la consigo na ocasião conveniente ou mesmo todo dia. Além da cornalina, providencie uma vela vermelha 🐾.

Tendo arranjado a cornalina adequada, escolha três dias no período do quarto crescente (afinal, trata-se de aumentar a sua coragem). Com a cornalina na mão, vá para o seu lugar energético e relaxe um pouco. Acenda a vela e peça ao Outro Mundo que tenha a bondade de lhe dar atenção. Segure a cornalina acima da vela e, a seguir, desenhe quatro vezes um círculo no ar (em sentido horário). Na primeira vez, diga: *Que os gênios aéreos me dêem uma língua ágil* (ou seja, que você consiga se expressar bem, sem gaguejar). Ao traçar o segundo círculo, diga: *Que os gênios do fogo me concedam um coração repleto de amor e muita coragem.* Na terceira vez, diga: *Que os gênios da água me concedam sentimentos profundos como o mar.* E na quarta e última vez, diga: *Que a terra me dê a força de uma rocha.* Continue segurando a cornalina e sinta a energia dos elementos penetrando-o. Então apague a vela.

Repita o exercício três dias seguidos. Depois trate de andar sempre com a cornalina e invoque a sua energia quando precisar. Se você fizer esse feitiço a pedido de outra pessoa, diga, durante o ritual, o nome desse amigo: *Que os gênios aéreos dêem uma língua ágil a (nome)*, e assim por diante.

O AMOR BEM AMARRADO

Se quiser fazer um feitiço do amor junto com o namorado ou a namorada, nada melhor do que a magia dos nós 🐾. Para isso, vocês devem providenciar fitas com as cores que costumam relacionar com o amor. Em geral são o vermelho e o rosa ou cores semelhantes a elas. Se possível, procurem usar fibras naturais para não poluir a natureza. Afinal, quem quer sobrecarregar a Mãe Terra com mais lixo ainda? Se quiserem reforçar as fitas, prendam nelas coraçõezinhos de papel vermelho. Aliás, este feitiço também serve para quem "só" deseja fortalecer uma amizade. E é possível fazê-lo com várias pessoas ao mesmo tempo, basta visualizarem a amizade em vez do amor.

Quando o dia estiver marcado (neste caso, o mais favorável também é a sexta-feira), podem fazer tudo mediante um ritual, mas, se preferirem, nada os impede de dispensá-lo. Se trabalharem com ritual, acomodem-se bem, descansem e relaxem. Podem descarregar um pouco a fim de desviar a atenção do cotidiano. Cada qual deve pegar uma ou várias fitas e uni-las com um nó. A seguir, façam com elas uma trança mais ou menos reconhecível. Ao mesmo tempo que entrelaçam os fios, deixem que tudo que vocês desejam flua para a trança. Quem tiver vergonha de dizê-lo em voz alta, pode sussurrar ou murmurar. Também aqui, cada um deve se limitar aos seus próprios desejos, sem trançar ou dar nó em nada que seja de outra pessoa. Combinem um sinal para saber quando chegou a vez do seguinte. Mas façam isso com antecedência para que não haja confusão quando já tiverem começado. Dêem o número de nós que forem necessários para prender todos os desejos nas fitas (se houver muita gente ou muitos desejos, acrescentem fitas de vez em quando). Quando todos tiverem terminado, estendam as mãos sobre as fitas e reforcem o feitiço, dizendo, alto e bom som: "Que assim seja e assim se faça" (não precisa ser em coro, podem falar um depois do outro).

No fim, pendurem a fita de nós em uma árvore, de preferência num lugar onde ninguém mexa. Se forem vários os participantes, deixem-na em uma floresta. Caso uma pessoa se encarregue disso, nada de ir sozinha a lugares ermos. Aproveite um dia em que a família toda for fazer um passeio, leve discretamente a fita e, sem que ninguém veja, pendure-a num galho mais afastado do caminho ou enterre-a sob as folhas do chão.

PLANTANDO FLORES MÁGICAS DO AMOR

Se estiver com muita pressa e, mesmo assim, quiser fazer alguma coisa pela sua vida amorosa, plante uma flor do amor.

As melhores estações para isso são a primavera, o verão e o outono, quando as plantas têm uma boa chance de vingar. Se quiser que o feitiço do amor dure muito tempo, escolha um arbusto, que vive muitos anos. Do contrário, plante uma flor anual. Caso você não tenha jardim ou quintal nem a possibilidade de cuidar de uma planta de vaso, escolha uma solução de curto prazo.

Em primeiro lugar, decida que planta há de ser. Abaixo há uma lista das que nascem na latitude norte e não exigem muito cuidado:

Hortelã	Ameixeira	Marmeleiro	Framboesa
Jacinto	Zimbro	Lavanda	Erva-cidreira
Camomila	Cerejeira	Castanheiro	Açafrão
Macieira	Manjericão	Feijão	Gatária
Narciso	Margarida	Aneto	Gerânio
Nogueira	Aveleira	Ervilha	Pêra
Rosa	Alecrim	Morango	Tomilho
Tília	Lobélia	Manjerona	Orquídea
Tomate	Tulipa	Violeta	Salgueiro

Como se vê, há uma grande variedade (e a lista está longe de ser completa). Escolha a mais adequada ao seu jardim, terraço ou floreira. Se for possível, compre a planta em uma plantação orgânica. Desse modo, não só a energia da flor será a melhor possível como a Mãe Terra há de se alegrar. Como se trata de amor, o melhor é escolher uma sexta-feira de lua crescente. Além da planta, você naturalmente vai precisar de ferramentas para cavar e de pedrinhas (podem ser pequenas pedras semipreciosas ou as que você achar no jardim). Não esqueça de reservar um pouco de água.

Antes de começar, purifique e benza o lugar em que vai plantar. Para tanto, salpique a água algumas vezes. Na purificação, basta dizer o que você está fazendo:

Eu purifico e limpo este lugar,
mando embora toda energia inútil.

Com a mesma facilidade, pode benzer o lugar:

Acompanhados pelo vento,
aquecidos pelo fogo,
purificados pela água,
carregados pela terra,
abençoados sejam este e todos os lugares.

Abra uma cova do tamanho adequado e, com as pedrinhas, forme um círculo ao seu redor. Estenda as mãos sobre ele e deixe fluir para a terra a energia amorosa que você deseja. Ao mesmo tempo, visualize o seu amor espalhando-se em você e em tudo e todos ao seu redor. Mesmo que o seu vizinho ou o chato do primeiro andar sejam detestáveis, eles também têm alguma coisa que merece ser amada. Não há quem não precise de amor, portanto envie-o a todos.

Agora pegue a planta com muito cuidado e peça-lhe que apóie o seu feitiço do amor e satisfaça os seus desejos à medida que ela for crescendo. Ponha-a na cova e derrame a água perto da cova. Cubra-a com terra e comprima-a para firmar a planta. Fique mais alguns instantes diante da planta do amor. Cuide bem dela e providencie para que outros façam isso quando você se ausentar (nas férias, por exemplo). Afinal, você quer que o amor e o prazer se multipliquem em sua vida.

Neste feitiço, é importante não se preocupar com detalhes. O amor não é uma barganha na base do "Já que eu o/a amo loucamente, você tem de me amar do mesmo modo". Não se dá amor e amizade com segundas intenções, calculando o que se vai receber em troca. Se você não tiver certeza de que quer entregar seus sentimentos assim, desista. Fazer um ritual do amor com segundas intenções pode ser um tiro pela culatra.

Também se pode dar de presente uma flor do amor. Neste caso, faça o feitiço do modo mais genérico possível, de modo que quem a receber não tenha de escolher um determinado namorado ou namorada. Ligue à planta sentimentos amorosos gerais. Mas não se esqueça de dizer a esse amigo que se trata de uma planta muito especial. Do contrário, pode ser que ele não cuide dela como deve, coisa que não faz bem para a vida afetiva.

Se acaso você já não puder cuidar da planta adequadamente, desmanche o feitiço para que ele não se transforme no seu contrário. A página 117 traz dicas de como desmanchar um feitiço.

COLA MÁGICA 🐈
PARA CORAÇÕES PARTIDOS

Que seria do tema amor sem a dor-de-cotovelo 🐈? Tudo fica cinza-escuro ou até preto, e o mundo perde toda a graça. Você tem vontade de fazer o feitiço que for para reconquistá-lo ou reconquistá-la ou pelo menos para dar um jeito de parar de sofrer. Aqui você não vai encontrar nenhum feitiço que ajude a prender o outro apesar da separação. Com isso, a gente influenciaria as pessoas e estaria negando o seu livre-arbítrio. E estaria mergulhando na pior magia negra. Agora, consertar um coração partido com uma cola mágica é coisa muito diferente e sempre uma boa idéia. Antes de mais nada, é importante que você realmente esteja querendo acabar com a sua dor-de-cotovelo. Às vezes acontece de a gente se apegar a ela, porque essa é a única ligação que restou com o ser amado. Se você preferir agüentar a dor mais algum tempo, fique à vontade. Decida quando chegar a hora de separar-se do antigo. Pouco importa o que os outros digam, mas certas pessoas precisam de mais tempo do que as outras para recomeçar. Quanto você tiver certeza de que chegou a hora da despedida, pode fazer o ritual da separação 🐈. Ele pode ser empregado não só quando o seu grande amor foi embora como também quando, por exemplo, uma pessoa morre. Tanto faz que se trate de uma pessoa ou de um animal de estimação de que você gostava.

Para esse ritual, você precisa de tudo que costuma usar. Arranje uma vela branca (não preta! esta cor atrai as energias em vez de mandá-las embora). Providencie ainda algumas folhas grandes de árvore (por exemplo, de castanheira), pedacinhos de papel, lápis de cor e alguns fios de linha branca (por exemplo, de algodão). A melhor época para este ritual é a da lua minguante ou mesmo da lua nova.

Deixe tudo preparado e relaxe. Acomode-se e feche o círculo mágico. Uma vez instalado no centro, deixe provisoriamente de lado as folhas e os fios de linha. Pegue os papéis e os lápis de cor. Escreva ou desenhe o que lhe ocorrer com referência à sua relação com a pessoa ou animal que suscitou o ritual. Não precisa escrever um romance interminável, bastam algumas rubricas. Toda vez que terminar de escrever uma palavra ou de desenhar um símbolo ou imagem, pegue o papel e procure recordar intensamente. Então transfira essa energia para a folha de papel e despeça-se dela. Proceda assim com todos os pedaços de papel, até que não lhe ocorra mais nada. Coloque neles tanto os sentimentos bons quanto aqueles de que a gente não gosta tanto: por exemplo, a raiva, o despeito, a irritação, a inveja. Afinal, você já não precisa de nenhum deles, e eles são capazes de arruinar o seu bom humor (mas não o de quem lhe deu o fora ou simplesmente morreu e o deixou sozinho). Aqui, todos os sentimentos têm o direito de se manifestar e de ser enviados em um pedaço de papel. Mas tenha o cuidado de não se prender a nenhum deles porque talvez ainda deseje cultivá-lo mais um pouco. Se perceber que ainda não chegou o momento da separação, interrompa o ritual imediatamente e abra o círculo. Deixe para recomeçar em outra ocasião.

Vá colocando os papéis escritos e desenhados sobre as folhas de árvore. Quando tiver anotado tudo que lhe é importante, envolva os papéis nas folhas e amarre-as com a linha. Você obterá um pacote mais ou menos manuseável. Para terminar, pegue-o e lance sobre ele mais um fluxo de energia. Torne a reforçar o ritual com a fórmula mágica que lhe parecer mais adequada. Deixe o pacote de lado e aterre-se. Conclua o ritual e reabra o círculo mágico.

Por fim, jogue o pacote num rio (não numa poça qualquer, é preciso que haja correnteza) ou enterre-o num lugar onde você não pretende mais voltar (por exemplo, na praia, quando você estiver de férias, na areia durante a maré baixa). Depois de tê-lo jogado no rio ou enterrado, não olhe mais para lá.

Esse ritual também pode ser executado em vários dias. Isso é particularmente bom para quem não tem certeza de que se lembrou de tudo. Caso você estenda o ritual por vários dias, comece na minguante e prossiga até a lua nova. Nos dias anteriores ao ritual da lua nova, não precisa fechar o círculo mágico cada vez que escrever ou desenhar uma coisa. Basta guardar tudo no seu lugar energético e colocar cada pedaço de papel sobre as folhas de árvore. No último dia, talvez você só escreva um bilhete durante o ritual "certo", pois tudo o mais já está pronto. Do contrário, faça como ficou descrito acima.

Magias Medicinais

A cura mágica tem uma regra básica importantíssima: nunca sem a autorização da outra pessoa. Portanto, se quiser ajudar alguém, primeiro pergunte-lhe se quer mesmo que você faça um ritual para ele. Tudo o mais redunda em magia negra e causa muito dano. Uma intromissão indesejável, por bem-intencionada que seja, não deixa de ser uma intromissão. No entanto, é claro que há situações em que é impossível perguntar. Por exemplo, quando o seu gato ou cachorro está doente, não conta o que gostaria que você fizesse por ele. E é preciso recorrer a outros meios para decidir se é preciso um ritual ou não. Para isso, use o oráculo de pedras havaiano da página 74. Faça uma pergunta na base do sim ou não. Se receber um não, obedeça.

A segunda regra importante é nunca fazer segredo quando você ou outra pessoa não estiver passando bem. Se vir que alguém está doente ou ferido, peça ajuda. Se você estiver se sentindo mal, converse com seus pais ou consulte um médico ou homeopata. Então os seus rituais mágicos darão apoio a outras medidas necessárias. Nem pense em dar tratamento mágico a si mesmo nem aos outros.

SAÚDE DE PEDRA

Quando tiver escolhido uma pedra, segure-a um pouco para um "tratamento" e feche os olhos. Visualize a sua energia especial. Você pode andar sempre com a pedra semipreciosa 🐾 adequada a fim de evitar as doenças ou estimular a cura.

Ágata 🐾 — As brancas e pretas protegem contra acidentes. A condição é que você não seja extremamente descuidado, pois, nesse caso, a ágata não pode ajudá-lo. As verdes são boas para a vista. A ágata listrada acalma as pessoas estressadas.

Âmbar 🐾 — Se você tiver um irmãozinho ou irmãzinha cujos primeiros dentes estão nascendo, dê-lhe de presente um âmbar ou mesmo um colar dessa pedra. Alivia a dor. À parte isso, você pode usar o rosa em todo tipo de feitiço medicinal.

Ametista 🐾 — Esta pedra lilás ajuda a combater os vícios. Em quem está fazendo terapia, a ametista reforça o objetivo e aumenta o otimismo. Mesmo que você só queira emagrecer, assistir menos à televisão ou parar de fumar, recorra à energia de uma ametista.

Aventurina 🐾 — Quando você estiver com dor-de-cotovelo e muito deprimido, esta pedra o ajudará a reerguer a cabeça.

Cornalina 🐾 — Esta pedra dá coragem, força, e é boa em qualquer situação da vida. Se você costuma ter pesadelos, durma com uma cornalina debaixo do travesseiro.

Crisoprásio ou *crisópraso* 🐾 — Esta pedra é boa para combater toda uma série de causas de doenças: o desânimo, a cobiça, a inveja, o egoísmo, a tensão e o *stress*. Ela em geral acalma e dá tranqüilidade.

Cristal 🐾 — Esta pedra pode ser empregada em tanta coisa que não caberia tudo aqui. Quando alguém estiver doente e lhe pedir ajuda, pegue um cristal, purifique-o e benza-o. Aproxime-se do enfermo com ele e, se possível, segure-o sobre o seu corpo. Imagine-o absorvendo toda a doença. Quando sentir que é suficiente, embrulhe a pedra num pedaço de tecido limpo. Coloque-a na salmoura o mais depressa possível, onde ela deve passar um ou dois dias. Depois disso, tire-a de lá e segure-a um momento na mão que atrai energia. Quando tiver a impressão de que ela está purificada e de que a única energia que flui é a do cristal, pode guardá-la para uma próxima vez. Do contrário, deixe-a mais algum tempo na salmoura.

Feldspato 🐾 — Esta pedra ajuda muito quem tem dificuldade com a menstruação, já que é particularmente boa para as "coisas de mulher". Ela dá muito apoio ao princípio feminino. Além disso, também ajuda quem quer perder uns quilinhos. Mas seja franca consigo, pois se você já for magra como um esqueleto, o feldspato não vai ajudá-la em nada. Se todo mundo — seus pais, seus amigos, o médico — diz que você não come nada, que está fazendo uma dieta perigosa, acredite e peça ajuda. O feldspato não vai ajudá-la a emagrecer. Mas, se você quiser se livrar de um pneuzinho, arranje uma jóia com feldspato e ande sempre com ela.

Fique nua diante do espelho e observe o seu corpo com atenção. Veja bem que gordurinha precisa desaparecer (faça o favor de ser realista!). Esfregue o feldspato nesses lugares e visualize a gordura derretendo. Ao terminar, esfregue-o na cabeça, pois é nela que o emagrecimento começa. Ande sempre com essa pedra e, toda vez que você for assaltada pela vontade de detonar um bolo com creme *chantilly* ou um salgadinho, segure o feldspato com a mão que libera energia e mande esse desejo para bem longe.

Granada ou *granate* 🐾 — Esta pedra semipreciosa é meio cara, mas talvez sua mãe ou sua avó tenha uma jóia com essa pedra e se disponha a emprestá-la de vez em quando ou até mesmo a dá-la de presente. Caso você tenha problemas na pele ou uma inflamação, peça ajuda a essa pedra. Além disso, ela é uma ótima proteção.

Hematita 🐾 — Esta pedra é muito boa para quem está com febre ou costuma sangrar pelo nariz.

Jade 🐾 — Esta pedra também costuma ser bem cara. Se tiver oportunidade, use-a para combater os problemas do estômago, as dificuldades com o coração e também com os rins.

Lazurita ou *lápis-lazúli* 🐈 — Esta pedra azul é muito cara mesmo. Veja se um dos seus parentes possui uma jóia velha e não a usa mais. Seja qual for a doença da pessoa, a lazurita dá alívio, pois combate as causas e tranqüiliza. Isso ajuda o organismo a combater os vírus, as bactérias e os outros espíritos maus.

Pedras furadas 🐈 — Estas a gente às vezes acha à beira dos rios, na praia ou mesmo na terra. Se você achar uma, pegue-a imediatamente e guarde-a (furo artificial não vale!). Elas protegem contra todo tipo de influência desagradável.

Rodonita 🐈 — Esta pedra é especialmente útil para as bruxas. Mantém o equilíbrio quando você pretende fazer muitos rituais ou quando muita gente lhe pede ajuda. Mas tome cuidado, mesmo contando com uma rodonita, não se superestime.

Sodalita 🐈 — Ao contrário da lazurita, que às vezes é confundida com a sodalita, esta pedra não é tão cara. Para quem está sofrendo por amor ou quer reconstruir a vida afetiva, ela é o que há de melhor. Além disso, é muito boa para quem está estressado (ajuda a separar o importante do insignificante), tem medo (dá coragem tal como a cornalina), sentimento de culpa e todo tipo de caos emocional.

Topázio 🐈 — Infelizmente, esta pedra é caríssima, mas, em compensação, tem mil e uma utilidades. É eficaz contra qualquer tipo de problema emocional que, como se sabe, leva rapidamente à doença. Como também acalma e equilibra, pode ser usada em todos os feitiços para emagrecer.

Turquesa 🐈 — Os índios do sul da América do Norte gostam muito desta pedra. Quem anda com ela fica protegido contra acidentes e envenenamento. Quando levada nos arreios, não só impede que o cavaleiro se machuque, se cair do cavalo, como protege a própria montaria. Além disso, é a mais indicada para quem vai viajar e quer levar uma pedra protetora.

Zircônio 🐾 — Se você quiser se livrar (ou livrar outra pessoa) do ciúme, arranje um zircônio alaranjado. A variante amarela é boa para combater o mau humor, principalmente se estiver combinada com um exercício solar. O zircônio vermelho ajuda a aliviar a dor.

BENZEDURA 🐾

Mesmo sem um grande ritual, é possível ajudar as pessoas e os animais a conservarem ou recuperarem a saúde. Mesmo que elas não pulem da cama na mesma hora, confie no Universo e acredite que você está sendo ouvido e a coisa vai funcionar. Um dos métodos de cura mais antigos é o da benzedura. Para isso, há diversas formas de rituais. Caso você já conheça algumas, continue usando-as. Se não souber bem que iniciativa tomar, faça o exercício abaixo. Passe algum tempo experimentando em você mesmo antes de "tratar" dos outros.

Acomode-se tranqüilamente e pouse as palmas das mãos nas coxas. Mentalize uma energia sagrada descendo (pouco importa de onde) sobre a sua cabeça e espalhando-se dentro de você. Deixe essa energia passar por suas mãos e penetrar-lhe as pernas. Talvez você chegue a sentir um formigamento ou um calor nas mãos ou nas pernas. Passado algum tempo, desligue-se dessa corrente e agradeça à energia.

Se quiser aplicar essa transferência de energia a outra pessoa, pergunte antes se ela está de acordo. Não solte a energia sem mais nem menos, ligue-se à energia vital, como você já exercitou, e, quando sentir que ela está fluindo bem, pense na outra pessoa. Você vai notar se ela aceita a sua oferta de bom grado ou não. Se houver rejeição, respeite esse limite e desista. O mesmo vale para os animais. Nunca imponha essa energia a ninguém.

MAGIA DE EMERGÊNCIA

Por mais que você se esforce, às vezes um ritual pode dar errado. Não é porque você mexeu a água do banho no sentido errado ou confundiu as fases da Lua. Isso não chega a levar um ritual ao fracasso, quando muito, enfraquece o efeito desejado. Eu estou me referindo aos rituais em que a gente, mais tarde, constata que acionou uma coisa que era melhor não ter acionado. Por exemplo, você tentou unir ou separar duas pessoas sem consultá-las.

Desfazer semelhante ritual dá um pouco de trabalho, mas não é impossível. Para tanto, você precisa de tudo o que utilizou no ritual que não deu certo. Além disso, providencie um cristal rosa.

Na medida do possível, prepare o ritual de desmanche 🐾 exatamente como o original. De preferência, escolha o mesmo dia da semana e a mesma fase da Lua. Faça tudo exatamente como no original, até chegar ao momento de expressar o seu desejo. Nesse ponto, pegue o cristal e chame de volta a energia que você liberou. Deixe-a fluir no cristal. Pode ser que demore um pouco, mas quando tudo tiver retornado (o fluxo de energia começa a diminuir ou você tem a clara percepção de que terminou), diga:

Feitiço sem limites,
desfeito sem dor,
a salvo no cristal,
uma dádiva para a terra.

Agora relaxe e aterre-se. Abra o círculo mágico. Quanto ao cristal, enterre-o num lugar inacessível ou jogue-o num rio. Entregue essa energia aos elementos. Peça-lhes que lhe dêem bom uso.

CRISTAL DA SALVAÇÃO 🐾
E O RITUAL "SEM NADA"

Quando você estiver fora de casa ou viajando e realmente não contar com nenhum meio, pode ser que um exercício simples ou uma meditação não bastem para executar um ritual. Portanto, se quiser fazer um ritual mesmo assim, tenha sempre consigo um pequeno cristal rosa. Como você já sabe, é possível programá-lo à vontade, de modo a dispor da energia de muitas pedras.

Quanto aos elementos, eles estão sempre com a gente: o ar é o que você respira; o fogo é a eletricidade dos seus nervos; água há em toda parte, por exemplo, no sangue que corre em suas veias; e nos seus ossos não falta matéria ligada à terra. De modo que, em qualquer lugar do mundo, é possível celebrar rituais simples. Basta invocar os elementos através do seu corpo e fechar o círculo mágico. Caso você tenha um cristal no bolso, programe-o para a energia requerida no momento. Do contrário, improvise e trate de usar o que estiver à mão. Se lhe faltar um lugar onde meditar, sempre existe um em que seguramente ninguém vai perturbá-lo. Seja na escola, seja onde for, nesse lugarzinho tranqüilo você fica a sós e pode se concentrar tranqüilamente no que quiser. Mesmo que o banheiro não se preste à celebração de rituais mais prolongados, nele você sempre pode respirar fundo e aterrar-se. Use esse território livre.

Do Ano dos Bruxos 🐈
À Hora dos Bruxos 🐈

AS FESTAS DAS ESTAÇÕES DO ANO 🐈

O ano mágico dos bruxos — começa um pouco mais cedo que no calendário a que estamos habituados. No calendário antigo, o ano se inicia na noite de 1º de novembro, que também marca o começo do inverno (no Hemisfério Norte). Ele se chama *Samhain* 🐈 ou *Halloween* 🐈. Nessa época, todos os processos naturais se retardam e anoitece consideravelmente mais cedo. A gente sai com menos freqüência e não fica tanto tempo ao ar livre, pois, em geral, essa estação do ano é muito rigorosa. Nesse período de recolhimento, os limites entre os mundos ficam mais indefinidos, sendo que a noite de 1º de novembro é particularmente boa para os presságios 🐈 e os sonhos 🐈. Aproveite essa época para sondar os seus sonhos proféticos. Antes de ir dormir, deixe preparado o Livro das Sombras ou um "diário noturno" para, se possível, anotar os sonhos de manhã e não esquecê-los.

Sonhos Proféticos de Ano Novo

Antes de se deitar, é bom fazer uns breves exercícios de respiração para relaxar. Não vale a pena ir para a cama ansioso, tenso, e acabar não conseguindo nem pegar no sono. Ao terminar os exercícios, apague a luz. Nada de ler ou se distrair com outra coisa. Faça a pergunta para a qual espera resposta e envie-a na viagem noturna.

Quando acordar, duas coisas podem acontecer. A primeira delas é você se lembrar nitidamente do sonho. Neste caso, anote-o sem pensar no significado exato ou no que ele tem a ver com a sua pergunta. Não faça nenhum juízo, por mais que você tenha certeza do aparente significado do sonho. Só depois de havê-lo anotado é que convém refletir sobre o que ele quer dizer. Confie na sua intuição, mas nem por isso deixe-se levar pelo desejo. Caso você queira ver o seu grande amor do futuro e tenha sonhado com uma pessoa morena, não vá logo concluindo que se trata de um italiano charmosíssimo ou de uma espanhola estonteante. Pode ser que você esteja tão vidrado numa pessoa exótica que nem reparou no rapaz ou na garota que mora na sua rua. Vai ver que ele ou ela tem cabelo escuro mas resolveu tingi-lo. Ocorre que os sonhos proféticos não dão a mínima para esses fenômenos modernos, de modo que é melhor ter cautela com as interpretações.

A segunda possibilidade é a de você não ter a mais vaga lembrança do que sonhou. Se isso acontecer, anote as três primeiras coisas que lhe passarem pela cabeça, sem pensar. Elas não precisam ser lógicas nem ter relação direta com a sua pergunta ou com um possível sonho. Para continuar no exemplo do grande amor, suponha que a primeira coisa que lhe ocorra seja um salsichão. Pode ser um sinal do lugar onde você vai encontrar o eleito ou a eleita do seu coração, ou então vai ver que você simplesmente está com fome e precisa ir tomar o café. Tal como em outros aspectos da magia, as informações colhidas nos sonhos, às vezes, podem se referir a coisas muito corriqueiras. Mas, com um pouco de exercício, a gente não tarda a aprender a separar o joio do trigo. Fora isso, também é preciso saber fazer as perguntas certas. Mas leve em conta que as respostas nem sempre serão as que você quer ouvir. Sejam elas quais forem, esteja certo de que as informações sempre visam o seu bem. Lembra-se daquela vez em que você comeu tanto que acabou passando mal? Pois, nessa ocasião, você certamente não deu ouvidos àquela voz que o aconselhava a não fazê-lo. A gente sempre tem a opção de aceitar um bom conselho ou não lhe dar atenção.

Também é possível que, em seus sonhos (ou meditações) proféticos, apareçam coisas difíceis de entender ou que dão medo. Talvez seja um aviso sinalizando que você está seguindo um caminho que, no fim, não resultará em nada de bom. Se tiver essa impressão, verifique com cautela como você se sentiria alterando o seu comportamento.

Se estiver confuso, trate de anotar o que sente e o que viu. Guarde o que escreveu. Não quebre a cabeça com isso, pois a questão ficará clara no devido tempo. Pode ser que você tenha recebido informações que só muito mais tarde terão importância na sua vida ou na dos outros.

O solstício de inverno

A festa seguinte no calendário dos bruxos é a do solstício de inverno, comemorado em 21 ou 22 de dezembro. Como o próprio nome diz, estamos em pleno inverno e, teoricamente, é hora de descansar. Pelo menos, de tentar esquecer um pouco toda a agitação do Natal que, às vezes, já começa em setembro com os primeiros Papais Noéis de chocolate e os panetones. Ainda bem que o comércio espera no mínimo até outubro ou novembro para ligar os alto-falantes e nos inundar de canções de Natal.

Se, nessa época do ano, a sua casa também estiver um tanto movimentada, tome um banho relaxante, ao qual você pode acrescentar umas gotas de óleo de laranja, óleo de lavanda e algumas pinhas. Ou então ponha uma mistura de óleo de laranja com óleo de canela numa lâmpada para perfumar o ambiente. Em certos lugares, há festas de inverno com grandes fogueiras. A única coisa com que você precisa tomar cuidado é não acabar se metendo com neonazistas sem querer. Eles se aproveitam de todos os símbolos que existem, mas não têm a menor idéia de sua verdadeira origem. As grandes fogueiras de antigamente nada tinham a ver com as nações. Isso não importava a ninguém, pois o que se festejava era a comunidade de todas as criaturas, fossem elas quadrúpedes, bípedes, verdes ou xadrezes.

A melhor maneira de comemorar essa data é dando presentes às pessoas que tomam parte na comemoração. Neste aspecto, é exatamente como na tradição cristã. Pense bem nos presentes que vai dar. Podem ser coisas que o dinheiro não compra. Por exemplo, dê tempo ou simplesmente paciência a uma pessoa (digamos, a um irmão ou uma irmã).

Como os dias começam a ficar mais longos a partir dessa data, o que se festeja é o nascimento da luz. Percebe-se que as idéias das religiões antigas e atuais estão estreitamente relacionadas (leia mais sobre isso a partir da p. 141). Se preferir celebrar sozinho o retorno da luz, faça uma Meditação do Sol 🐾 como a que descrevemos abaixo.

O amanhecer no inverno

Acomode-se no seu lugar energético e feche os olhos. Fique atento à sua respiração e relaxe. Visualize-se no alto de uma colina, sentindo o calor do Sol. Procure fazer com que a sua atenção fique muito leve, pairando sobre o chão. Aproxime-se lentamente do Sol, ele vai ficar mais luminoso e mais quente. Desfrute essa sensação de calor e força que o Sol lhe transmite. Quando tudo ao seu redor não for senão luz e calor, invoque-o. É impossível saber de antemão em que forma a energia solar há de aparecer. O melhor é ficar aberto, sem esperar nada determinado. Talvez você perceba uma forma ou apenas uma vaga mudança, talvez ouça alguma coisa ou sinta um cheiro. Pouco importa, limite-se a prestar atenção e anotar depois.

Durante essa viagem ao Sol, peça alegria de viver e idéias luminosas em tudo o que você pretende fazer nesse novo ano solar.

Ao terminar, agradeça e retorne. Quando estiver se afastando, o calor do Sol o acompanhará. Você o sentirá no plexo solar 🐾, que fica no alto do abdômen, na depressão entre as costelas (mais ou menos no lugar do estômago). Portanto, quando estiver precisando de uma dose extra de Sol, basta voltar a atenção para o seu plexo solar e deixar o calor fluir e espalhar-se por todo o corpo. No começo, pode ser que demore um pouco, mas, depois de experimentar algumas vezes, você nunca mais sentirá os pés frios.

O ritual "já que é assim"

No calendário dos bruxos, a primavera 🐾 começa aproximadamente seis semanas depois do solstício de inverno. O dia 2 de fevereiro é o de Imbolc, a Festa da Luz 🐾. No calendário cristão, corresponde à missa da Apresentação do Senhor no Templo ou à Candelária, um nome bem adequado à data. Afinal, no Hemisfério Norte, os dias vão se tornando sensivelmente mais longos e o Sol começa a esquentar. A gente já começa a pensar no verão seguinte, embora o biquíni e o calção de banho ainda tenham de continuar um bom tempo na gaveta. Essa época é muito propícia para quem pretende fazer várias coisas, mas não sabe ao certo como e quando começar. Nesse dia, tomar uma decisão nova ou recomeçar uma coisa combina perfeitamente com a estação do ano.

Não é nada fácil substituir um velho hábito por um novo (e, de preferência, melhor) ou tratar de realizar um bom projeto. Com a ajuda deste ritual, talvez fique um pouco mais fácil. Mas só o realize se você estiver mesmo disposto a promover uma mudança. E, durante o ritual, não diga sim para coisas impossíveis e inviáveis. Seja realista com os seus próprios desejos.

Neste ritual, é melhor usar uma vela branca. Providencie também uma vasilha com areia e espete nela a vela ritual. Acrescente umas pedras que apóiem a sua intenção (veja quais são a partir da p. 113). Você ainda vai precisar de um pedacinho de cera, no qual gravará uma frase ou símbolo, e de um prego ou qualquer outro objeto pontudo com o qual gravar. Para conseguir a cera, basta aquecer uma vela, amassá-la e retirar o pavio. Podem-se comprar algumas velinhas de aniversário. É fácil aquecê-las entre as mãos.

Comece como sempre, relaxando e fechando os olhos. Acomode-se e concentre totalmente a atenção no ritual. Torne a abri-los e feche o círculo mágico. Ponha-se no centro e acenda a vela. Ao mesmo tempo, pense no seu propósito. Pegue o pedaço de cera e escreva nele o que você quer modificar. Não precisa ser um romance, basta uma nota breve ou um mero símbolo. Segure a cera entre as mãos e visualize o seu comportamento futuro. Por exemplo, se estiver querendo parar de comer chocolate, veja-se comendo uma deliciosa fruta. Ou, se quiser parar de fumar, imagine-se conversando com os amigos, mas sem o bastãozinho de ponta incandescente entre os dedos. Mentalize tudo com o máximo de intensidade e transfira essa energia para a cera. Caso esteja usando pedras no ritual, pegue-as e pense no que elas representam. Talvez haja uma que deve aumentar a sua força de vontade ou outra que vai lhe dar coragem.

A seguir, mantenha o pedaço de cera escrita sobre a chama, de modo que vá derretendo lentamente. Para não queimar os dedos, segure-o com uma pinça (pense nisso antes, nada de interromper o ritual para ir buscá-la em outro lugar!). Quando já não der para continuar segurando a cera, deixe-a cair na própria vela, onde continuará a derreter. Espere que derreta por completo. Então apague a vela com um vigoroso *Que assim seja e assim se faça* pronunciado em voz alta ou baixa. Relaxe e aterre-se. Agora pode reabrir o círculo mágico. Não volte a usar essa vela branca em outros rituais nem em outra coisa qualquer, a menos que você a purifique antes (cf. p. 156).

O equinócio 🐈 da primavera

Em plena primavera, ocorre mais uma festa dos bruxos, a do equinócio 🐈 da primavera. No calendário vigente na latitude norte, a primavera começa "oficialmente" no dia 21 de março. Nessa data, há um equilíbrio exato entre a duração do dia e a da noite. A energia dessa estação do ano é boa para tudo o que se relaciona com equilíbrio 🐈 e compensação 🐈. Eis um exercício fácil para obter equilíbrio interior.

Exercício da cegonha para o equilíbrio

É muito conveniente fazer este exercício sem que ninguém o veja, pelo menos na primeira vez. Do contrário, podem pensar que você está com um parafuso a menos. Mas se conhecer gente interessada, convide-a para fazê-lo em grupo (e dar muita risada).

Acomode-se tranqüilamente diante do seu lugar energético, mas de modo que sobre espaço onde cair. Feche os olhos e relaxe. Passado um momento, abra-os e respire fundo. Ao expirar, erga uma perna e fique equilibrado na outra. Se fizer isso com o joelho ligeiramente dobrado, não será difícil ficar um bom tempo nessa posição. Procure sentir exatamente o seu corpo mantendo o equilíbrio. Se quiser complicar um pouco o exercício, feche os olhos. A sua atenção se desviará claramente, e você vai perceber o quanto o equilíbrio depende da visão.

Fique nessa posição quanto tempo quiser. Se preferir, é claro que pode fazer o exercício em qualquer outra época do ano, não só na do equinócio. Aproveite para verificar se o equilíbrio se altera quando você está muito cansado, triste ou zangado. Isso o ajudará a aprender muita coisa sobre si e sobre o trabalho mágico. Por exemplo, se você estiver com tanta raiva que mal pode se concentrar em simplesmente equilibrar-se numa só perna, como fazer um ritual que exija muito mais atenção e serenidade? Portanto, use este exercício para testar o seu relaxamento e verificar se você está suficientemente relaxado para executar um ritual.

As Noites Valpúrgias

Nessa estação do ano, segue-se a festa talvez mais conhecida: as Noites Valpúrgias 🐈. Na noite de 1º de maio, inicia-se o verão 🐈 no calendário dos bruxos. Já temos os primeiros dias de calor, a natureza está totalmente verde e tudo floresce, cresce e se desenvolve. Muita gente já ouviu falar na festança de *Blocksberg*. Você também pode perfeitamente saudar o verão com uma alegre dança das bruxas.

A dança das bruxas 🐈 em maio

Não há necessidade de círculo mágico para a dança das bruxas. Basta escolher músicas que reflitam diversos estados de espírito. Por exemplo, dance uma música que exprima alegria, outra que o deixe relaxado, talvez uma terceira, com a qual se sinta meio "caótico", e ainda uma que simplesmente irradie sossego.

Experimente e descubra a ordem dessas canções que mais lhe convém; e dance-as uma após outra. O importante é deixar a que sinaliza sossego para o fim. Se possível, aumente o volume até que a música o envolva por completo; mas não exagere, do contrário todos os seus vizinhos virão reclamar. Se, fora você, houver outras pessoas em casa, avise que vai haver um pouco de barulho, mas não por muito tempo. Com isso, você se poupa de um bocado de *stress*.

Depois de dançar os seus vários estados de espírito, sente-se ou deite-se um momento, procure relaxar e concentrar a atenção na energia que, nesse instante, flui com muito ímpeto em seu corpo. Se quiser fazer um ritual e estiver se sentindo muito disperso, a dança de maio é ótima para que a sua atenção volte a ficar totalmente desperta.

O solstício de verão 🐈

O verão 🐈 é a melhor época para harmonizar as coisas e preparar sua conclusão. Há muitos modos de celebrar a alegria. Essa festa do Sol ocorre em 20 e 21 de junho. Mesmo no norte do Hemisfério Norte, nesses dias faz calor ou pelo menos a temperatura é agradável, e dificilmente escurece antes de meia-noite. É a estação em que a gente curte a abundância que a natureza oferece. Você pode preparar, por exemplo, um cardápio mágico para os amigos ou familiares. Para tanto, não escolha coisas exóticas, e sim as que nascem na sua região. Assim, as frutas, as verduras, os legumes e os condimentos frescos adquirem muito mais poder.

Sopa mágica de legumes 🐈

Para esta sopa, você pode usar qualquer um dos vegetais abaixo — e muitos outros, que não vamos enumerar por falta de espaço. Pode dispô-los de modo a estimular determinada energia ou simplesmente escolher uma mistura bem balanceada. Imagine, por exemplo, que na sua família haja muito nervosismo ou muita briga. Então é melhor escolher os ingredientes que tranqüilizam, não os que excitam (ou seja, nada de pimenta-do-reino e pimenta). Você também pode decorar discretamente a mesa com alguns quartzos rosa e, desse modo, promover o equilíbrio.

Abacate 🐈 — pertence ao elemento água. O óleo de abacate é particularmente rico e faz bem para a pele ressecada.

Abacaxi 🐈 — essa fruta pertence ao elemento fogo.

Aipo 🐈 — pertence ao elemento fogo.

Alecrim 🐈 — pertence ao elemento fogo.

Alfafa 🐈 — os brotos pertencem ao elemento terra e são bons não só nas saladas como também nos pães.

Alho-poró 🐈 — é um delicioso ingrediente de sopa e outros pratos. Como pertence ao elemento fogo, equilibra a forte energia aquática da sopa e reforça o elemento fogo em qualquer receita.

Alho 🐈 — pertence ao elemento fogo e tempera qualquer prato forte. Não só desinfeta como também aterra muito bem.

Ameixa 🐈 — pertence ao elemento água.

Amêndoa 🐈 — pertence ao elemento ar. O seu óleo também é bom para a pele e para a massagem relaxante.

Aneto 🐈 — pertence ao elemento fogo e equilibra a água em uma salada de pepino, por exemplo.

Anis 🐈 — pertence ao elemento ar e não combina com nenhuma ceia de Natal. Experimente temperar o arroz com uma pitada de anis.

Arroz 🐈 — no Extremo Oriente, é tão trivial quanto o pão para nós. Pertence ao elemento ar e é capaz de lhe transmitir a leveza desse elemento — nem por isso deixa de satisfazer.

Aveia 🐈 — não são só os cavalos que gostam dela. Os flocos duros ou moles pertencem ao elemento terra, e, misturado com diferentes ervas, esse cereal é um ótimo acompanhamento para os legumes.

Avelã 🐈 — pertence ao elemento ar e equilibra essa qualidade numa salada de frutas, por exemplo.

Azeitona 🐈 — pertence ao elemento fogo.

Banana 🐈 — reforça o elemento água em uma sopa, por exemplo. Temperada com uma boa dose de caril é um prato excelente para equilibrar a água com o fogo.

Batata 🐈 — este tubérculo tão apreciado não podia faltar. Pertence ao elemento terra.

Beterraba 🐈 — é vermelha como o amor e pertence ao elemento terra. Quando você se sentir abatido e estiver precisando da companhia de gente legal, sirva essa raiz.

Cardamomo 🐈 — é um dos poucos condimentos pertencentes ao elemento água.

Caril (ou *curry*) 🐈 — pertence ao elemento fogo.

Cebola 🐈 — pertence ao elemento fogo. A ele também pertence a sua irmã caçula, a cebolinha.

Cenoura 🐈 — embora nasça na terra, pertence ao elemento fogo.

Cominho 🐈 — pertence ao elemento ar.

Cravo 🐈 — tal como muitos outros condimentos, pertence ao elemento ar. Combina com as carnes, mas também alivia a dor de dente (mastigue o cravo com o dente dolorido e marque hora no dentista!).

Damasco 🐈 — pertence ao elemento água. O óleo do caroço dessa fruta é muito bom para massagens relaxantes.

Erva-cidreira 🐈 — pertence ao elemento ar e aviva o fogo de um prato picante.

Erva-doce 🐈 — pertence ao elemento fogo.

Ervilha 🐈 — além de colorir a comida com um bonito verde, pertence ao elemento terra.

Framboesa 🐈 — pertence ao elemento água.

Gengibre 🐈 — como quase todos os condimentos picantes, pertence ao elemento fogo.

Gergelim 🐈 — pertence ao elemento fogo. Que tal uma pitada de gergelim na salada de fruta para compensar o elemento água?

Laranja 🐈 — pertence ao elemento fogo. Cheirar óleo de laranja ou chupar uma laranja é o tipo da coisa que desperta.

Limão 🐈 — ótimo na limonada caseira. Graças a ele, nos dias de calor, a gente toma uma dose dupla de água, pois é a esse elemento que ele pertence.

Louro 🐈 — é um clássico da cozinha, ainda que só para temperar e apurar o gosto da comida. Pertence ao elemento fogo e dá um charme todo especial a um prato de arroz, por exemplo.

Maçã 🐈 — é a fruta cultivada há mais tempo na nossa latitude. A variedade, nas diferentes regiões, é enorme. Essa fruta pertence ao elemento água. Quando você estiver procurando um pentagrama um pouco diferente, corte uma maçã ao meio, na horizontal. Seu mesocarpo forma uma estrela de cinco pontas.

Manjericão 🐈 — pertence ao elemento fogo. Se você estiver cansado, desanimado, cheire algumas folhas de manjericão e, ao mesmo tempo, visualize-se recebendo uma carga de energia: logo voltará a ficar na mais perfeita forma.

Manjerona 🐈 — é um tempero pertencente ao elemento ar. Sua variante silvestre é o orégano, indispensável na pizza ou nas massas.

Menta 🐈 — também pertence ao elemento fogo. Caso você não goste de café nem de chá, a hortelã ajuda a sacudir o espírito sonolento. Mas não tome muito, às vezes faz mal para o estômago.

Milho 🐈 — é melhor comê-lo fresco, não em lata (os produtos alimentícios frescos têm muito mais energia).

Morango 🐈 — pertence ao elemento água.

Mostarda 🐈 — também é um condimento picante e pertence ao elemento fogo.

Nabo 🐈 — dá uma linda cor alaranjada à comida, mas não é qualquer um que gosta dele. Pertence ao elemento terra.

Noz-moscada 🐱 — pertence ao elemento fogo e dá o toque final aos pratos com batata, repolho, e a muitos outros.

Pepino 🐱 — além de ser constituído em grande parte de água, pertence a esse elemento.

Pêra 🐱 — pertence ao elemento água.

Pêssego 🐱 — pertence ao elemento água. Do caroço dessa fruta também se extrai um óleo muito bom para a pele e para a massagem.

Pimenta-do-reino 🐱 — como todos os condimentos picantes, pertence ao elemento fogo.

Repolho 🐱 — todos os tipos pertencem ao elemento água.

Ruibarbo 🐱 — esta planta de verão deve ser servida cozida e pertence ao elemento terra.

Salada verde 🐱 — todas as suas formas pertencem ao elemento água.

Salsinha 🐱 — lisa e crespa. Essa erva pertence ao elemento terra e é uma pena que só seja usada como tempero.

Sálvia 🐱 — é pau-para-toda-obra, serve para tudo. É sempre bom ter um estoque dela, seja para defumar, seja para temperar.

Semente de girassol 🐱 — pertence ao elemento fogo e é boa tanto nas saladas quanto nos outros pratos.

Tomate 🐱 — mesmo sendo vermelho, pertence ao elemento água.

Tomilho 🐱 — pertence ao elemento água.

Trigo 🐱 — é oferecido em forma de sêmola, flocos ou farinha. Acrescenta o elemento terra a toda refeição.

Uva 🐱 — seja branca, seja rosada, pertence ao elemento água.

Vagem 🐱 — pertence ao elemento ar.

A época da arrumação

No calendário antigo, o dia 1º de agosto marca o começo do outono no Hemisfério Norte. A comemoração se chama *Lammas* e é o primeiro festival da colheita nessa estação do ano. Na natureza, os dias vão se tornando lentamente mais curtos, embora ainda faça calor. É uma boa época para espiar os bastidores do mundo. Como todas as energias do ano começam a declinar aos poucos, é um bom período para a gente se livrar das velharias. Pode-se pôr em ordem tanto o guarda-roupa quanto a cabeça. Por exemplo, procure um preconceito que você tem com relação a um determinado grupo humano. Mesmo que seja uma coisa banal do tipo "todas as garotas são chatas". Ou então examine os seus preconceitos religiosos ou políticos. O importante é ser muito sincero ao fazer isso, mesmo porque não é preciso contar nada a ninguém. Se for bem franco consigo mesmo, é inevitável que você encontre um preconceito, pois todo mundo os tem. Se acabar convencido de que é absolutamente tolerante, pode ter certeza de que não procurou direito.

Caso você tenha encontrado um tema, use-o durante alguns dias ou até semanas em uma meditação. Ou colha informações sobre ele. Mas veja bem aonde vai buscar essas informações e, em todo caso, ouça também os argumentos daqueles que não concordam com o seu modo de ver. Depois reflita sobre a sua visão, verifique se ela combina com o princípio básico de nunca prejudicar ninguém. Lembre-se de que os pensamentos, quando recorrentes, são muito poderosos. Aliás, se não o fossem, os rituais de nada serviriam. Decida se vale mais a pena conservar a sua visão original ou alterá-la.

O equinócio do outono

Por volta do dia 21 de setembro, se dá o segundo equinócio do ano no Hemisfério Norte. Ele marca a plenitude do outono. É a época ideal para você começar a se preparar para o ano novo. Ela ruma para a hibernação, e convém guardar provisões, mesmo para quem não é esquilo. As boas dádivas da Mãe Terra ainda estão disponíveis em abundância. Você pode fazer diversos amuletos, sachês de erva e outros objetos mágicos para os quais é necessário material fresco.

Quanto ao exercício, pode fazer o mesmo da primavera. Experimente o exercício da cegonha e veja como você o sente nesta estação do ano e examine o que se passou, desde então, não só na sua sensação de equilíbrio como também na sua vida. Aqui entra novamente em cena o Livro das Sombras. Folheie-o e verifique o que se anunciou na primavera.

AS FESTAS DA LUA

Além das grandes festas das estações do ano, há as festas lunares. Não podem ser fixadas todo ano na mesma data, porque o nosso calendário mensal não se ajusta às fases da Lua. Qualquer folhinha informa quando será a lua cheia, a lua nova, o quarto crescente e o minguante. Nela aparecem os respectivos símbolos. As quatro fases da Lua duram aproximadamente um mês, ou seja, o ano tem mais ou menos treze ciclos lunares (o ciclo lunar abrange o período da lua cheia à lua cheia ou da lua nova à lua nova seguinte). É comum entre os bruxos comemorar a lua cheia. Mesmo que isso não signifique que haja toda vez uma grande festança, a cada meditação ou ritual lunar você pode muito bem acender velas a fim de mostrar respeito.

A Lua tem uma energia especial. Isso se verifica no fato de ela influenciar todo o regime de águas da Terra. A força de gravidade da Lua é que provoca a oscilação das marés nos oceanos. Como os seres humanos são constituídos em grande parte de água, é lógico que nós também sejamos influenciados pela força da Lua. Por exemplo, o ciclo de fertilidade da mulher tem, nos casos ideais, a mesma duração do ciclo lunar, 28 dias. Isso não significa que toda mulher e toda garota tenham um ciclo exatamente assim, pois muitos outros fatores interferem. E a energia masculina também é influenciada pela Lua, embora não de modo tão notório. Os vegetais e os animais são igual e fortemente influenciados pela Lua, e você vai encontrar inúmeros livros sobre esse tema nas estantes, caso se interesse.

A lua nova 🐈

Na lua nova, pode-se fazer todos os rituais relacionados com o recomeço ou o fim de alguma coisa. Se você tiver em mente um ritual da lua nova, com o claro propósito de concluir ou se livrar de uma coisa qualquer, escolha o período imediatamente anterior à lua nova. Não precisa ser exato em termos de segundos, mas é importante averiguar quando a Lua vai mudar de fase. É que a energia se altera um pouco. É mais ou menos como na preamar e na vazante. Quem observa percebe que há uma espécie de intervalo, no qual a água não flui nem reflui. No mais tardar quando a Lua voltar a crescer, você deve ter terminado o seu ritual. Nessa época, pode empreender uma purificação mágica da casa ou do quarto, por exemplo. Se tiver vontade, dê uma olhada na página 75 para ver como se faz.

Caso pretenda fazer um ritual para atrair alguma coisa, aproveite o período imediatamente posterior à lua nova. Então a energia volta a aumentar e apóia tudo o que segue esse rumo. Mas pode acontecer de você precisar com urgência de um ritual e não ter a menor idéia da fase em que a Lua está. Não há problema: faça-o assim mesmo. Imagine-se viajando num rio e que o seu ritual é uma canoa muito resistente. Você continuará avançando mesmo que não consiga aproveitar cada minúscula correnteza.

O quarto crescente 🐈

No crescente — mais ou menos nos quinze dias entre a lua nova e a lua cheia —, pegue tudo o que tem a ver com crescimento e expansão. Por exemplo, você pode reforçar o feitiço que desencadeou na lua nova. Pouco importa executar o ritual no terceiro, no sétimo ou em qualquer outro dia do quarto crescente. Se quiser aproveitar a energia lunar, é particularmente bom olhar para a Lua durante a meditação ou o ritual.

A lua cheia

Tal como a lua nova, a lua cheia é um ponto de mudança da energia lunar. Essa fase é especialmente boa para fazer rituais cujos resultados devem se verificar o mais depressa possível. A gente aproveita a lua cheia para dar um forte impulso ao todo. Também neste caso, não depende do momento astronômico absolutamente certo. Se você não o conhecer nem tiver a possibilidade de verificar, faça o ritual segundo a sua intuição. Se perceber que a Lua deixou de aumentar e passou a diminuir, evite trabalhar com essa energia alterada. Mas, se não perceber nada, é porque isso não pode impedir a sua construção de energia no ritual.

Portanto, caso você tenha um pedido importante para fazer ao Universo e for justamente lua cheia, aproveite a oportunidade. A energia desse corpo celeste acelera enormemente o desejo da gente.

O quarto minguante

Por último vem o minguante. Como você já deve ter percebido, esta é a melhor fase para se livrar das coisas. Pode entregar à Lua, por assim dizer, tudo quanto você quiser retardar ou concluir. De modo que, se um irmão ou um colega da escola o estiver irritando, faça um ritual no quarto minguante (embora você não chegue a se livrar do seu irmão, pelo menos se livra do problema).

OS DIAS DOS BRUXOS

Nos rituais, pode-se escolher não só a melhor estação do ano ou fase da Lua como também o melhor dia. A condição é ter tempo e oportunidade de empreender um ritual justamente nesse dia. Se for difícil, verifique se não há uma hora adequada (veja na tabela abaixo). Tradicionalmente, cada dia da semana corresponde à energia de um planeta; se você tiver curiosidade sobre a origem e o porquê dessa tradição, consulte um astrólogo.

Na latitude norte, a segunda-feira é considerada o primeiro dia da semana. No entanto, em termos planetários, é o segundo. Assim como os planetas, os dias da semana giram ao redor do Sol. E, em latim, assim como em muitos idiomas atuais, o dia do Sol (*dies solis*, *Sunday*, *Sonntag*) é o domingo. Portanto, é nesse dia que começa a semana mágica.

O domingo

O domingo pertence ao Sol e ao elemento fogo. A energia desse dia é adequada para os rituais de cura, por exemplo, já que eles têm muito a ver com a força vital original. Esse dia também é o ideal para acertar tudo que se relacione com amizade (fora o grande amor, pois quem se encarrega dele é Vênus). De modo que, se você quiser reforçar uma amizade, procure fazê-lo num domingo. Como o Sol é bom para esse tipo de relacionamento, nesse dia você pode pedir a energia do Universo. Dependendo da sua religião, é possível que, para você, esse já seja um dia de oração. Portanto aproveite para reforçar a sua ligação com "as alturas".

A segunda-feira

Este dia é do signo da Lua e, por isso, pertence ao elemento água. Tem a ver com tudo o que se refere ao lar e aos assuntos familiares. Tudo o que o apóia e constrói combina com ele e, do mesmo modo, tudo quanto faz bem para os outros (mas cuidado para não exagerar e acabar se intrometendo na vida alheia sem ser chamado). Na segunda-feira você pode perfeitamente preparar uma sopa da amizade ou um bolo para alguém. Os bons desejos que a sua magia coloca neles ganham uma dose extra de poder nesse dia. Se estiver com dor-de-cotovelo, aproveite para se livrar dela com um ritual de despedida.

A terça-feira

Este dia corresponde ao planeta Marte e pertence à energia do fogo. É ótimo para tudo que se refere a disputas, literalmente, desde uma competição esportiva até a troca de socos. Quem precisa de muita coragem para fazer alguma coisa, deve tratar de reforçá-la numa terça-feira. A coragem de resolver pacificamente uma briga e dar o primeiro passo também pertence a Marte, assim como a raiva que leva à agressão. Se você estiver procurando um modo de absorver discretamente a energia de Marte no seu dia, ande com algo vermelho. Pode ser um pedaço de fita vermelha ou mesmo um fio de linha. Também os rituais que se ocupam de "coisas de homem" correspondem a Marte. Ele representa o elemento masculino.

A quarta-feira

A quarta-feira pertence ao planeta Mercúrio. O planeta dos ladrões e da conciliação combina com tudo o que tem a ver com negociação, tanto quando se trata da sua mesada como quando a questão é decidir de quem é a vez de ficar com o controle remoto da televisão. À primeira vista, a energia de Mercúrio pode parecer confusa, pois muda constantemente. Sendo o planeta do movimento, em geral ele aparece fugazmente para logo desaparecer. Mesmo o tratamento "ele" é inconveniente, já que Mercúrio (ou Hermes para os gregos) não tem aparência claramente masculina. A energia de Mercúrio está voltada para a troca e a negociação. Mercúrio é extraordinariamente útil nos seus rituais, porque ele (ou ela?) o ajuda a tornar mágicos os pensamentos e os objetos mais corriqueiros.

A quinta-feira

Este é o dia do maior dos planetas, Júpiter. O deus-pai dos romanos representa o poder e a força, a prosperidade e a propriedade. Se a questão for ter mais dinheiro e você não estiver com vontade de negociar isso, trate de fazer um feitiço monetário numa quinta-feira.

A sexta-feira

A sexta-feira é dedicada a Vênus. Aqui, tudo o que tem a ver com o grande amor ou mesmo o pequeno, está em casa. E nada melhor do que a própria luz do planeta. Quando o céu está límpido, pode-se ver esse planeta como a primeira estrela do anoitecer e a última do amanhecer. Por isso Vênus é conhecido como a estrela vespertina e a Estrela d'Alva. Brilha mais do que qualquer outro corpo celeste, à parte o Sol e a Lua. Ele ilumina particularmente bem as "coisas de mulher". Vênus é o planeta do feminino.

O sábado

Este dia pertence ao signo de Saturno. No sábado, você pode se ocupar de tudo o que se refere a limite e regra. Quando quiser terminar alguma coisa, por exemplo, uma amizade ou algo assim, o sábado é o melhor dia. Também é ótimo para os rituais de despedida. No sábado você também pode fazer um sachê de ervas para impedir os irmãos intrometidos de mexerem nas suas coisas.

Se quiser aumentar ainda mais a força dos planetas e a energia dos dias da semana, use determinadas pedras nos rituais. Pode substituir as mais caras — como o rubi, a safira e a esmeralda — por pedras semipreciosas, disponíveis por um bom preço nas lojas esotéricas ou nas de departamentos.

Domingo	Sol	Âmbar e todas as pedras amarelas
Segunda-feira	Lua	Ortoclásio e todas as pedras brancas
Terça-feira	Marte	Rubi e todas as pedras vermelhas
Quarta-feira	Mercúrio	Turquesa, safira e todas as pedras azuis
Quinta-feira	Júpiter	Ametista e todas as pedras roxas
Sexta-feira	Vênus	Esmeralda e todas as pedras verdes
Sábado	Saturno	Diamante e todas as pedras pretas

AS HORAS PLANETÁRIAS

Assim como cada dia tem uma determinada energia, cada hora corresponde a um planeta. Supondo que você tenha em mente um ritual ligado a Vênus, mas não possa fazê-lo na sexta-feira, mas só no sábado, examine a tabela abaixo, veja quais são as horas de Vênus no sábado (no caso, a sétima, quer dizer das seis às sete e das dezoito às dezenove horas) e faça o seu ritual nesse horário.

	Domingo	Segunda	Terça	Quarta	Quinta	Sexta	Sábado
1	Júpiter	Vênus	Saturno	Sol	Lua	Marte	Mercúrio
2	Marte	Mercúrio	Júpiter	Vênus	Saturno	Sol	Lua
3	Sol	Lua	Marte	Mercúrio	Júpiter	Vênus	Saturno
4	Vênus	Saturno	Sol	Lua	Marte	Mercúrio	Júpiter
5	Mercúrio	Júpiter	Vênus	Saturno	Sol	Lua	Marte
6	Lua	Marte	Mercúrio	Júpiter	Vênus	Saturno	Sol
7	Saturno	Sol	Lua	Marte	Mercúrio	Júpiter	Vênus
8	Júpiter	Vênus	Saturno	Sol	Lua	Marte	Mercúrio
9	Marte	Mercúrio	Júpiter	Vênus	Saturno	Sol	Lua
10	Sol	Lua	Marte	Mercúrio	Júpiter	Vênus	Saturno
11	Vênus	Saturno	Sol	Lua	Marte	Mercúrio	Júpiter
12	Mercúrio	Júpiter	Vênus	Saturno	Sol	Lua	Marte

A Antiga Religião dos Bruxos 🐈

Como já ficou dito, não é preciso ter uma determinada fé para trabalhar com a magia. Basta acreditar na indefinida energia do Universo. Caso você se sinta atraído pela antiga religião dos bruxos, não quer dizer que, por isso, deve rejeitar as outras visões de mundo. Infelizmente, muita gente confunde a sua concepção muito pessoal da vida e do mundo com um conjunto de regras válidas para todos. Por esse motivo, um dos fundamentos mais importantes da religião dos bruxos é a tolerância 🐈. A antiga fé pré-cristã reconhece o mesmo valor em todas as outras visões de mundo. São como os raios de uma roda: por diferentes que sejam, todos levam ao mesmo centro.

A DEUSA E SEUS COMPANHEIROS

A figura central da religião antiga é a Grande Deusa 🐈. Ela criou o mundo, conserva a vida e se aproxima de nós de muitas formas. Tradicionalmente, apresenta-se aos seres humanos em três diferentes formas divinas: a da deusa jovem e ainda sem vínculo, nem filho, nem parceiro fixo. É, por exemplo, Diana, a deusa grega da caça; ou Afrodite, a deidade da beleza e do amor. O seu segundo rosto é o da mãe. Trata-se da fertilidade, da casa e da terra, de tudo quanto imaginamos como maternidade. A terceira forma da Grande Deusa é a da velha sábia.

Neste caso, ela volta a ser livre e descompromet1da e, devido à idade, já não pode ter filhos. Transmite aos homens o saber sobre os rituais, prevê o futuro e conhece segredos.

A contrapartida masculina da Grande Deusa é o seu parceiro, que pode ser um deus ou um ser humano. O companheiro da deusa tem tantas caras e nomes quanto ela própria. Por exemplo, é Herne, o deus cornífero (entre outras coisas, protetor dos animais silvestres). Para ele, o bem-estar dos seres vivos é tão sagrado quanto a Grande Deusa. Portanto, se você quiser seguir esse caminho espiritual, seja também amigo de todos os seres vivos. Aliás, os bruxos não distinguem a natureza animada da inanimada. Os da religião antiga falam com as pessoas, os deuses, os animais, as plantas e também com as pedras, pois tudo tem vida.

DEUSES DE TODA PARTE

Afrodite — Atualmente nós a conhecemos como a deusa grega do amor. Mas, na religião antiga, era a divindade tríplice nas formas de virgem, mãe e anciã. Nascida das ondas do mar, governava esse elemento como Mari. O seu principal templo, na região mediterrânea, ficava em Chipre, lugar de onde se extraía o cobre. Por isso, esse metal também é de Vênus e sagrado. Mais tarde, os cristãos dedicaram o templo de Chipre à Virgem Maria.

Astarte — Corresponde a uma das formas mais antigas da Grande Deusa no leste do Mediterrâneo. Era a senhora do mundo, tal como a deusa Hathor do Egito, Deméter na cultura micênica ou Afrodite em Chipre. Astarte determina o destino dos homens e decide sobre a vida e a morte. Na Bíblia (I Reis 11:5), figura como a deusa a quem o rei Salomão orava. Posteriormente, os cristãos a transformaram não só em homem como no demônio Asteroth ou Ashera.

Aurora — A deusa da aurora e do Sol nascente. Os gregos também a denominavam Éos.

Bálder — O filho do deus nórdico, cujo pai, Odin (deus-pai, correspondente a Zeus ou Júpiter) o ofereceu em sacrifício. Então ele retornou ao reino de sua mãe, Hel (*vide* abaixo) para renascer no fim do mundo (Ragnarök). Após o crepúsculo dos deuses do antigo mundo violento, ele governará o novo mundo.

Brigid/Brigit 🐈 — Um dos nomes da deusa tríplice da Irlanda. Em Kildare, a Igreja Católica transformou as guardiãs de seu fogo sagrado em freiras de Santa Brígida. No calendário cristão, o dia sagrado de Brigid cai no começo de fevereiro, justamente na festa pagã de Imbolc (no calendário cristão, a Candelária).

Cerridwen 🐈 — Nome céltico da Grande Deusa. Ela aparece como a temível deidade dos mortos que, tomando a forma de uma porca, os devora para que dela venham a renascer. Do mesmo modo, a deusa grega Ártemis e a síria Astarte apareciam sob a forma de uma porca.

Cibele 🐈 — A deusa-mãe do mundo romano. Seu templo ficava no lugar onde hoje se ergue a basílica de São Pedro. Imperadores como Augusto a ela dirigiam suas orações como a instância suprema da mitologia romana. Era considerada a mãe de todos os deuses.

Deméter 🐈 — A deusa-mãe dos gregos, adorada nos antigos templos de Micenas. Os túmulos lá encontrados, com entradas longas e estreitas e compartimentos internos arredondados, representam o corpo da deusa, em cujo útero os mortos renascem.

Dioniso 🐈 — Um dos muitos nomes do companheiro/pai/filho da Grande Deusa. É muito conhecido como o deus do vinho e da embriaguez, uma das muitas personificações dessa divindade cornífera, que também governa o reino animal (como Pã entre os gregos e Cernunos na tradição céltica).

Freya 🐈 — Deusa-mãe e do amor na mitologia nórdica. Foi ela quem inventou as runas. Seu parceiro Frey era festejado no solstício de inverno, quando ele renascia de sua mãe/irmã/filha/companheira. A ela se dedica a sexta-feira, cujo nome deriva do dela em algumas línguas (*Freitag* em alemão, *Friday* em inglês). Por isso, há quem acredite que se casar na sexta-feira dá sorte. Freya também pode ser traduzido por "a multiface": ela muda de forma e é a deusa dos gatos; quando caem no mar, suas lágrimas se transformam em âmbar; ela é a musa dos poetas nórdicos.

Holle 🐈 — É o nome nórdico-germânico de Hel, a deusa do submundo, da magia, dos presságios, das artes e do destino. É bem possível que você a conheça dos contos dos irmãos Grimm.

Kore 🐈 — Um dos nomes gregos mais antigos da Grande Deusa, principalmente no seu aspecto de virgem. O seu dia, o 6 de janeiro, foi posteriormente adotado pelos cristãos como Epifania. A festa de Kore faz parte das comemorações do nascimento do Filho de Deus, do começo de um novo ano solar. O símbolo sagrado da deusa Kore é o pentagrama, mas igualmente sagrada é a maçã, cujo mesocarpo lembra a estrela de cinco pontas.

Marte 🐈 — O deus grego da guerra e da luta; corresponde à divindade nórdica Tiw, que, tal como ele, é o deus da fertilidade. Como símbolo do ato de amor, ambos portam espada, imagem da força viril, e escudo, símbolo da força feminina.

Medéia 🐈 — Deusa-mãe, cujo nome deriva da palavra sânscrita "sabedoria" (*medha*). É a protetora das forças curativas, e em seu caldeirão mágico pode ressuscitar os mortos.

Odin 🐈 — Deus-pai nórdico, que passou nove dias e nove noites atado a uma árvore para desvendar o segredo das runas. Após a sua estada no Outro Mundo, trouxe aos homens o saber, a poesia e o pressentimento, outrora exclusivos das deusas.

Pã 🐈 — É o deus grego e cornífero dos bosques e dos animais silvestres. Protege as aves e os mamíferos.

Saturno 🐈 — O deus romano da morte, cujos adeptos se vestiam de preto. Sua estação é o inverno; sua festa, o solstício de inverno. Representa a transição da vida para a morte e o renascimento.

Sofia 🐈 — É a deusa da sabedoria. Os gnósticos cristãos viam nela a mãe de Deus-Pai, que já existia antes da criação do mundo. Seu símbolo é a pomba, e ela costuma ser designada como o Espírito Santo da Santíssima Trindade.

Sol 🐾 — A deusa germânica do Sol. Quando não está cuidando do calor na Terra, mora em seu palácio subterrâneo em Hel, o submundo. Após o crepúsculo dos deuses, Sunna, a filha de Sol, assumirá a missão da mãe de dar calor e luz ao novo mundo e, juntamente com Bálder, governar o novo paraíso.

Thor 🐾 — O deus nórdico do trovão e do raio. Em algumas línguas, a quinta-feira deriva dele (*Thursday* em inglês, *Donnerstag* em alemão).

Tiamat 🐾 — Deusa sumério-babilônica do mar e das profundezas, de cujo ser informe nasceu o mundo.

Urd 🐾 — Um dos nomes da Mãe Terra na mitologia nórdica. Também é assim que se chama uma das três Nornas, as deusas do destino, conhecedoras do passado, do presente e do futuro dos homens.

Wotan 🐾 — Um dos nomes do deus-pai Odin. O dia de Wotan, hoje a quarta-feira, era sagrado. Ele conduzia os mortos ao submundo.

Zeus 🐾 — O deus-pai grego, correspondente a Júpiter entre os romanos. Senhor da tempestade, do raio e do trovão.

Se estiver interessado nas religiões antigas, pesquise os contos de fadas, os mitos e outros livros. Neles você colherá outras informações sobre as deusas e os deuses.

A Pequena Tabuada
dos Bruxos

Aqui você encontra tudo o que precisa para o seu dia-a-dia de "encantador", além de algumas orientações sobre os diversos exercícios, para quando quiser experimentar, mas não tiver certeza de que conseguirá executar um ritual completo sem armar uma grande confusão.

OS ÓLEOS ETÉRICOS (OU ESSENCIAIS)

Hoje em dia, vendem-se óleos etéricos em qualquer lugar. Em geral, são líquidos cristalinos extraídos das mais diferentes plantas. Por exemplo, o óleo de rosa é feito com pétalas de rosas. Como é necessário uma grande quantidade de pétalas para obter um pouquinho do óleo, ele é um dos mais caros. Outros são extraídos das folhas, da madeira ou da raiz das plantas. Também existem uns poucos óleos provenientes de animais (por exemplo, do almiscareiro). Mas, felizmente, são raríssimos no mercado, e não convém empregá-los no trabalho mágico.

Para compor o equipamento básico do bruxo, bastam uns poucos óleos que, em primeiro lugar, são fáceis de obter e, em segundo, não vão acabar com a sua mesada. Mas, por favor, antes de gastar dinheiro em óleos aromáticos, verifique se você pode mesmo pôr uma lâmpada aromatizadora no seu quarto. Os óleos mancham a roupa e os móveis se não estiverem bem protegidos. Além disso, a lamparina precisa ficar bem estável para que a água quente com o óleo não transborde e para que a velinha de *réchaud* não caia. Mesmo que lhe falte a possibilidade de ter uma lamparina aromatizadora, você não precisa abrir mão do seu óleo aromático predileto. É só providenciar um pouco de algodão e fazer uma bolinha. Coloque-a num pires e pingue nela uma ou duas gotas do óleo da sua preferência. Não toque mais no algodão com os dedos (pode irritar a pele), pegue-o com uma pinça.

O *óleo de alecrim* pode ser usado de diversos modos e, sem dúvida alguma, figura entre as essências que você sempre deve ter na mala ou mochila da escola. Quando precisar estar bem desperto, pegue o frasquinho, abra-o e respire fundo algumas vezes. O alecrim desanuvia a mente e aumenta a capacidade de concentração. Portanto, quando tiver uma prova difícil ou ficar nervoso porque não sabe se vai conseguir fazer um ritual corretamente, tenha sempre à mão um frasco de óleo de alecrim.

O *óleo de canela* lembra inevitavelmente o Natal. Afinal, são poucos os doces e bolos dessa época do ano que não contêm canela. Use esse óleo, dependendo do quanto você gosta do Natal. Se acha bom pensar no Natal e se sente bem nessa época, pode usar o óleo de canela inclusive no verão, quando tiver vontade de se recolher e relaxar.

O *óleo de citronela* pode ser usado por quem acha o cheiro do limão muito forte ou prefere um perfume que não lembre comida. Também é muito bom para quem está meditando e quer se abrir para os outros mundos. Praticamente, também pode ser usado nos rituais de purificação e na limpeza do ar de uma sala. Se você tiver brigado com alguém, ponha numa lamparina aromatizadora um pouco de óleo de citronela misturado com óleo de toranja: em pouco tempo as energias da discórdia se equilibrarão.

O *óleo de lavanda* é ótimo para quem está tão nervoso com um trabalho ou um encontro que nem consegue dormir. A lavanda acalma, bastam uma ou duas gotas no travesseiro para que você durma maravilhosamente bem. Nos rituais, pode-se usar tanto as folhas quanto o óleo de lavanda.

O *óleo de limão* 🐾 pode ser usado sempre que você não tiver a fruta à mão. Tal como o óleo de melaleuca, é bom para purificar o ambiente, se bem que não mata os vírus e as bactérias e tudo o mais que infesta o lugar. Você também pode usar o óleo de limão quando planejar um ritual de cura, sobretudo se for de dor-de-cotovelo ou quando alguém estiver triste devido à morte de uma pessoa ou de um bicho de estimação. À parte isso, o óleo de limão favorece a ligação com a energia lunar.

O *óleo de melaleuca* (ou *cajepute*) 🐾 serve para tudo e pode ser encontrado em toda parte. Com ele, pode-se desinfetar muito bem os espaços e os objetos e inclusive livrar o ar de bactérias e vírus. Naturalmente, também é ótimo para quem quer fazer algo mágico e não sabe se a energia do lugar escolhido é pura. Basta uma gota de óleo de melaleuca para limpar o ar.

O *óleo de mexerica carioca* (também conhecido como *petitgrain*) 🐾 não é do agrado de todos, mas eu o recomendo muito a quem às vezes anda com a cabeça na Lua. Se você acha que precisa ficar com os pés um pouco mais no chão, esse óleo só pode lhe fazer bem. Por exemplo, quando tiver de estudar para um exame difícil, experimente a mistura de óleo de mexerica com o de alecrim: sua capacidade de concentração vai aumentar muito.

O *óleo de sálvia* (ou *salva*) 🐾 é muito bom para quem não tolera fumaça (a do incenso de sálvia). Só use o incenso de sálvia ao ar livre, onde é totalmente seguro. Dentro de casa, vale mais a pena recorrer a uma lamparina. Muito cuidado quando usar a sálvia: o óleo pode lhe irritar a pele, de modo que é preciso ter cautela para lidar com ele e, em caso de dúvida, substituí-lo por outro.

O *óleo de toranja* (ou *grapefruit*) 🐾 possui, tal como o óleo de limão e o de laranja, um aroma cítrico. Já que todos eles têm mais ou menos as mesmas propriedades, o melhor é cheirá-los um por um e escolher o que mais lhe agrada. Os cítricos são bons para purificar. O óleo de toranja é indicado, além disso, para quando se anda meio balançado, precisando de um reforço. Veja na página 83 como a energia da toranja pode ajudá-lo a ficar "grande e forte".

O *Ylang-Ylang* é particularmente adequado para os feitiços de amor e amizade. Além disso, você pode utilizá-lo para relaxar confortavelmente. Mas cuidado para não exagerar na dose: às vezes dá dor de cabeça. Portanto, não o pingue diretamente sobre os objetos; é melhor embeber um chumaço de algodão ou um lenço com uma ou duas gotas: é fácil livrar-se dele, se necessário.

O ALTAR

Se isso o faz pensar em igreja, você não está tão errado assim, mesmo que o seu pequeno altar doméstico não seja exatamente igual ao da basílica de São Pedro. Altar é um lugar reservado exclusivamente às coisas "sagradas". Isso não quer dizer que você tenha de esperar que nasçam asas nas suas costas nem que só possa se aproximar dele na ponta dos pés. Tudo o que a gente faz pode ser sagrado. Depende unicamente de *como* se faz.

Tomemos um exemplo extremo: os índios da América do Norte nunca viram nada de errado em matar um animal. Afinal de contas, eles precisavam comer. No entanto, não abatiam um irmão quadrúpede pensando apenas na utilidade desse sacrifício; também demonstravam respeito pelo espírito do animal, muitas vezes com um ritual de despedida. Não saíam matando-os sem mais nem menos. Pois bem, compare isso com o extermínio de milhares de reses, durante a epidemia de febre aftosa, para garantir o lucrativo negócio de exportação de carne. Aqui não se manifestou o menor respeito pelos animais, apenas a ambição do lucro.

Portanto, quando você fizer alguma coisa no seu altar, faça-o do fundo do coração, consciente de que toda vida é sagrada e de que você é uma parte do todo. Você é tão único quanto cada planta, cada animal e cada grão de areia.

Segundo a tradição, o altar fica sempre junto à parede norte de um cômodo. Se isso não for possível no seu quarto, use qualquer outro cantinho sossegado. Para saber exatamente onde ficam os pontos cardeais no seu quarto, compre uma pequena bússola. Elas não são caras e terão utilidade em todos os rituais que você fizer ao ar livre. Quando não souber ao certo onde ficam os pontos cardeais, consulte a bússola e trace o seu círculo mágico de acordo com o que descobrir.

Para decorar o altar e enfatizar ainda mais o seu caráter de lugar especial, cubra-o com uma espécie de toalha de mesa, que você mesmo pode fazer, se gostar desse tipo de trabalho. No centro, coloque um pentagrama (uma estrela de cinco pontas). Guarde no seu altar as coisas de que precisa nos rituais, como, por exemplo, as pedras (no norte), uma pena ou vasilha de incenso (no leste), uma vela (no sul) e um copo ou cálice (no oeste).

OS AMULETOS

Amuleto é um objeto destinado a reforçar a proteção, seja a sua, seja a dos outros. Funciona como uma espécie de âncora da energia gerada em um ritual. Você pode fazer amuletos de madeira, além de muitos outros materiais.

O LIVRO DAS SOMBRAS

Apesar do nome um tanto misterioso, o Livro das Sombras "não passa" de um diário mágico. Nele você anota tudo o que for fazendo nos rituais, as fórmulas mágicas que inventar, assim como as idéias que tiver para os novos rituais. Ele só passará a ser "um mistério" se você realmente guardá-lo só para si e não o mostrar a ninguém. Como os rituais, as meditações e os outros exercícios são coisas muito pessoais, é provável que você prefira que não leiam o seu Livro das Sombras. O melhor é guardá-lo de modo que ninguém o abra por acaso. Aqui se incluem os pais, os irmãos e os amigos. Se você tiver um bom diálogo com eles, peça-lhes para não mexerem na sua "gaveta mágica" ou na caixa de papelão onde o seu material fica guardado. Caso eles não concordem, guarde o seu livro na casa de um amigo, dos seus avós, tias, tios ou de qualquer outra pessoa que mereça a sua confiança. Manter um ritual em segredo não tem nada a ver com "ficar com segredinhos". Se você falar constantemente nos seus assuntos pessoais, o ar acaba escapando de algum modo e tudo se torna monótono. No caso do ritual mágico, isso significa que você arrisca-se a dispersar toda a energia que conseguiu acumular. Coisa que o obrigará a começar de novo. Por outro lado, explicar a uma pessoa como se executa este ou aquele ritual está longe de significar que você está dispersando a energia com as palavras. Confie na sua intuição e, em breve, você vai saber quando é hora de falar e quando é melhor calar.

Com o tempo, a cada exercício e a cada ritual, o seu Livro das Sombras vai se transformar em um livro de consultas de sua própria autoria. Ele pode ser muito útil, desde que você não tenha de lê-lo do início ao fim a cada ritual, mas apenas, por exemplo, para procurar uma fórmula mágica que compôs há alguns meses. Às vezes a gente pensa que consegue guardar todas as coisas importantes na memória. Mas, se a sua memória não for exatamente a de um elefante, você vai esquecer as fórmulas mágicas tanto quanto o vocabulário. Vale a pena anotar tudo o que for importante para que esteja à mão sempre que necessário.

AS VELAS

Delas a gente precisa em todos os rituais, de modo que é bom sempre ter uma reserva. Para o caso de elas acabarem, convém manter pelo menos um pequeno suprimento de velinhas de *réchaud* para não deixar o seu ritual no escuro.

As *velas brancas* não podem faltar. Convém tê-las sempre em casa, mesmo que sejam velinhas de *réchaud*. São particularmente úteis nos rituais de purificação; à parte isso, estimulam a meditação, promovem a paz e a harmonia espirituais. São uma espécie de camaleão mágico: você pode usá-las em todos os rituais quando não dispuser da cor adequada. Basta gravar na cera o símbolo ou a palavra correspondente, concentrar-se um pouco e mentalizar a energia desejada — e eis que ficou pronta a vela apropriada.

As *velas verdes* são boas quando se trata da felicidade em geral e de problemas financeiros ou coisa que o valha. O verde é a cor da energia material, da terra, ou seja, muito indicado nos feitiços de prosperidade.

Você também pode recorrer às velas verdes nos rituais de cura (elas representam a boa forma física e a saúde), principalmente quando combinadas com pedras ou velas azuis (que afetam mais o lado espiritual-psicológico da doença).

As *velas vermelhas* são úteis em todos os rituais de amor e paixão. Se a cor tender mais para o rosado, você também pode com elas celebrar as amizades "normais".

As *velas azuis* são particularmente boas para o quarto. Sobretudo durante a noite, protegem contra as influências indesejáveis e estimulam os sonhos proféticos. À parte isso, favorecem todos os rituais de cura.

As *velas amarelas* ajudam a relaxar e estimulam a concentração espiritual e a percepção extra-sensorial (principalmente quando combinadas com as azuis). Se você quiser fazer um ritual, mas estiver nervoso, acenda uma vela amarela e procure se acalmar. Sente-se diante dela e respire fundo algumas vezes; relaxe. Olhe para a chama e deixe tudo o que lhe passar pela cabeça fluir para o fogo, até se sentir tranqüilo e desanuviado.

As *velas rosadas* promovem os relacionamentos em geral, reforçam a harmonia e a conciliação. Se, além da vela, você também utilizar o quartzo rosa, o efeito será ainda mais vigoroso. Por exemplo, disponha as pedras em círculo ao redor da vela. O círculo representa a comunhão entre amigos. Quando tiver um encontro com amigos, acenda antes uma vela cor-de-rosa e passe alguns momentos visualizando uma atmosfera amigável no recinto.

As *velas roxas* ou *lilases* reforçam todo e qualquer feitiço que você fizer. Usadas isoladamente, facilitam o acesso à magia. Sobretudo quando for celebrar um ritual de cura, convém recorrer à energia fortalecedora dessa cor.

As *velas marrons* são ótimas para tudo quanto tem a ver com a casa. Aqui se incluem também os animais domésticos. Se estiver preocupado com um amiguinho quadrúpede, acenda uma vela marrom para ele. Visualize-o sadio e animado, protegido contra tudo e todos que lhe possam fazer mal.

OS OBJETOS ENERGÉTICOS

Todo objeto que lhe parecer adequado ou com o qual você tiver uma ligação especial pode ser um objeto energético. Antes de entrar numa loja e gastar um dinheirão na compra de um objeto energético, olhe à sua volta, entre as suas quatro paredes, e use o que encontrar. Talvez você tenha levado para casa uma concha ou uma pedra. Ou vai ver que ainda conserva um pratinho de bebê de estimação, que já não usa. Pode ser muito útil para queimar incenso (mas não esqueça de enchê-lo de areia, do contrário ele se quebra). E, se estiver faltando alguma coisa, sempre vale a pena dar uma olhada no supermercado ou na loja de departamentos. As lojas de artigos usados são verdadeiras minas de tesouro; foi assim que eu achei um tacho de cobre com três pés e por um bom preço. O importante é ter imaginação, e quanto mais aberto você estiver, tanto mais originais serão as peças que vai achar e usar nos rituais mágicos.

Mais uma palavrinha sobre o material de que são feitos os objetos mágicos. Uma regra que serve para todos eles: quanto mais próximos da natureza estiverem, melhor. Se você puder optar entre um copo descartável e um cálice de vinho, não hesite em pôr a sua água ritual no cálice. Só quando não tiver nenhuma alternativa é que se pode fazer uma concessão para o plástico & Cia. O problema desses objetos intensamente manipulados, como é o caso dos copos de plástico, é que eles passaram por tantos processos químicos e de transformação que já não há como conciliar as muitas energias diferentes que os impregnam. O vidro não passa de mineral liquefeito com mais alguns ingredientes. A madeira é muito adequada. Mas, no caso das cuias de madeira, é importantíssimo tratá-las com óleo e cera de abelha para que não absorvam a água. À parte isso, procure não deixá-las muito tempo cheias de água. Se a sua vasilha de madeira rachar, é difícil ou mesmo impossível consertá-la.

A ROUPA

Pelos mesmos motivos, convém usar roupa de tecido natural nos rituais mágicos.

Dê uma olhada no guarda-roupa primeiro, com certeza vai achar o que vestir quando for fazer seu feitiço. Podem ser tanto as peças que você costuma deixar para as ocasiões especiais quanto as que acha superconfortáveis. Pouco importa o motivo pelo qual você as prefere. Examine bem a roupa que deseja vestir para os rituais mágicos. É importante que você goste muito dela, mas, é importantíssimo que seja prática. Nada desvia mais a atenção mágica do que uma manga demasiado larga pegando fogo ou um vestido comprido a ponto de fazer tropeçar.

Se no seu guarda-roupa você não achar uma única peça que lhe pareça adequada, estude a possibilidade de confeccionar uma veste simples. É facílimo fazer um manto com um pedaço de tecido quadrado. Se não puder ou não quiser comprar o tecido, pergunte se não há um lençol velho sobrando. Você pode pintá-lo com tinta de tecido e enfeitá-lo com retalhos, fitas, contas, penas e outras coisas do seu gosto. Faça um buraco no meio, para a cabeça, e amarre um cordão na cintura para que o lençol fique no lugar — e pronto, você já tem a sua roupa simples de mágico.

O INCENSO

Não vai ser fácil achar os incensos certos se você não estiver disposto a gastar um pouco de dinheiro. Mesmo que eles e as outras ervas lhe pareçam um pouco caros, não vale a pena ser pão-duro nesse momento. O melhor lugar para comprar misturas de incenso é uma loja de artigos esotéricos. Caso não haja nenhuma na sua região ou se forem muito caras para você, recorra às ervas simples disponíveis em qualquer supermercado. Além disso, você vai precisar de um pouco de incenso. Se não souber onde comprá-lo, informe-se na igreja católica mais próxima. Eles o queimam em grande quantidade e certamente têm condições de lhe dar um endereço ou um número de telefone. Também existe a possibilidade de adquiri-lo por reembolso postal. Na *Internet*, por exemplo, há uma boa lista de endereços.

É claro que você também pode fazer a sua mistura pessoal. O incenso o ajuda a ajustar-se aos seus objetivos espirituais (por isso é usado na Igreja Católica). A sálvia limpa o lugar em que você trabalha e também o purifica, assim como o seu corpo energético. Na ocasião propícia, pode-se adicionar outros ingredientes a essa combinação. Por exemplo, se for fazer um feitiço de amor, use pétalas secas de rosa. De preferência, pegue as do seu próprio jardim (se for comprá-las na floricultura, informe-se antes, pois muitas plantas comercializadas vêm infestadas de produtos químicos). E você pode usar outros ingredientes. Mas, se não souber se são adequados para queimar como incenso, pergunte numa farmácia.

OS CHOCALHOS

Tal como os tambores, há muito que os chocalhos figuram entre os instrumentos dos bruxos e xamãs. São de grande utilidade quando precisamos nos concentrar numa coisa e estamos com o pensamento voando. Se você não tiver um chocalho e não quiser comprar um, fabrique-o. Pegue um corpo oco (por exemplo, um coco ou uma cabaça) e encha-o de arroz ou pedrinhas. Depois disso, basta prender nele um cabo, e o seu chocalho está pronto. Mais fácil e eficaz é usar uma caixinha de madeira. Ponha nela um pouco de arroz, de pedrinhas ou de casca de noz, feche-a... e chocalhe à vontade.

PURIFICAÇÃO E BENZEDURA DE OBJETOS

À primeira vista, parece um tanto pretensioso purificar e benzer uma coisa por causa de um ritual ou de um rápido feitiço, entretanto, é fácil e nada tem de extraordinário.

Por exemplo, ao comprar uma pedra numa loja, a gente não sabe por quantas mãos ela já passou. Levando em conta que cada pessoa, cada máquina, enfim, que tudo deve ter deixado nela minúsculas impressões digitais de energia, essa pedra só pode estar carregada de "sujeira" energética. Se você a usar num ritual tal como chegou da loja, vai estar trabalhando com toda essa miscelânea. E mesmo que isso talvez não ponha a perder todo o seu ritual (se bem que pode acontecer), você estaria, no mínimo, desperdiçando preciosa energia que podia ser muito mais bem aproveitada.

Benzer é parecido com purificar. Embora a palavra seja meio pomposa, a coisa é bem simples. Quando a gente usa um objeto corriqueiro em um ato mágico, ele se torna especial. Benzê-lo significa que você tem plena consciência de que esse objeto será usado em um ato mágico. É mais ou menos como aquilo que você já deve ter visto na igreja. Mas vá com calma, você não precisa de batina nem de paramentos para benzer um seixo. Como em tudo o mais, o importante é a sua postura interior. A roupa que você está vestindo não tem a menor importância.

Escolha um lugar tranqüilo e relaxe. Pegue o objeto que você vai benzer ou — se ele for muito grande — pouse as mãos nele. Feche os olhos e passe um momento tentando senti-lo.

Agora profira a benzedura em voz alta ou só em pensamento. Diga o que lhe ocorrer espontaneamente ou algo que você tenha composto de antemão — podem, mas não precisam ser versos rimados. Seja breve, principalmente se tiver composto essa benzedura com antecedência: afinal, não é preciso decorar todo um poema só para benzer uma vela ritual.

Em pensamento, transfira a benzedura para o objeto e não perca de vista que, a partir de agora, você está ligado a ele e a tudo que o cerca.

Se não for usar o objeto benzido imediatamente em um ritual, é bom embrulhá-lo num lenço de seda e guardá-lo. A tradição diz que a seda é um bom isolante. Decida se prefere usar a seda, o simples algodão ou outra fibra natural. Se preferir, pode guardar as coisas em caixas ou gavetas de madeira. Também neste caso, trate de tudo com o máximo de simplicidade.

O APANHADOR DE SONHOS

O apanhador de sonhos deve ficar pendurado perto da cama. Ele captura os pesadelos em sua rede, fazendo com que você sempre durma bem. Os verdadeiros apanhadores de sonhos são raros. Em sua maioria, servem apenas de decoração. São inúteis no trabalho mágico. Mas você mesmo pode fazer um apanhador de sonhos. Pegue varas bem flexíveis de vime e deixe-as alguns dias na água. Então faça um círculo com elas e amarre-as (por exemplo, com uma tira de couro) depois de deixá-las secar comprimidas dentro de um balde (para que fiquem bem redondas). Agora, basta pegar um tecido de algodão ou de seda, cordéis finos ou algo parecido e preparar a rede interior.

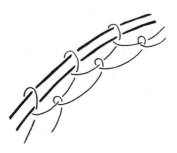

Para terminar, enfeite o seu apanhador de sonhos com penas, pedras, fitas e tudo quanto lhe parecer importante. Também é muito bom para dar de presente.

Conceitos e Explicações

VIAGENS ASTRAIS

Com certeza você já ouviu falar que as bruxas voam ou conseguem passar invisivelmente de um lugar para outro. Parece interessante, sobretudo se com isso a gente puder descobrir o que vai cair na próxima prova ou os segredos dos amigos.

Mas, ao contrário do que parece, essa não é uma boa idéia. Numa viagem astral, a pessoa abandona o corpo, com a sua consciência, como quando a gente está dormindo ou morre. Para quem tem um talento especial, isso pode acontecer espontaneamente, sem intenção. Fazê-lo deliberadamente requer muita experiência e muito exercício. Na verdade, abandonar o próprio corpo não é tão difícil assim; o problema é retornar. Quem não sabe ao certo como funciona o ir e voltar, pode sofrer graves conseqüências.

AURA

A aura é uma espécie de casulo energético que envolve o corpo de uma pessoa. Há divergências sobre quantos envoltórios externos de energia circundam o nosso corpo. Mas isso não tem importância para o trabalho prático com a magia, sejam eles dois, cinco ou dez. O importante é que existem pessoas capazes de enxergar essa aura. Se você for uma delas, é possível que perceba uma vibração colorida ao redor dos seus próprios braços ou pernas ou que a veja nos outros. Com um pouco de exercício, pode aprender a ver se está faltando alguma coisa a uma pessoa, quando, por exemplo, sua aura apresentar "buracos" ou "depressões", coloração muito diferente em algum lugar ou quanto ela quase não tiver aura. Caso você não enxergue nenhuma cor, não precisa entrar em pânico, a maioria das pessoas é assim. Normalmente, percebe-se quando, por exemplo, uma pessoa está no mesmo recinto com a gente, mas isso não é o mesmo que enxergar a sua aura. Não faltam livros sobre a leitura da aura e coisas semelhantes. Geralmente, essa técnica é empregada na detecção e cura de doenças. Para os rituais, não é preciso saber ler a aura.

CHAKRAS

Essa expressão designa os principais centros energéticos do corpo. Sobre esse tema também há muitos livros e uma série de opiniões diferentes quanto aos aspectos da vida a que cada um deles corresponde. Não menos variadas são as opiniões sobre o bem ou o mal que essas energias fazem. A classificação aqui descrita é muito breve e, com toda a certeza, não é a única possível.

Tradicionalmente, os chakras estão vinculados a certas partes do corpo e a certas cores. O chakra inferior situa-se na região do períneo e se liga ao vermelho. Esse centro energético "regula" tudo que tem a ver com os instintos básicos, com a sexualidade e com o sentimento primordial de amor ou ódio. Uma pessoa com distúrbio nesse chakra pode ter extremas irrupções de cólera, por exemplo.

Segue-se o chakra sacral (eles são contados de baixo para cima), que fica um pouco abaixo do umbigo e está ligado ao alaranjado. Relaciona-se com tudo que tem a ver com a reprodução e a criatividade. Quem gosta de atividades artísticas faz bem em reforçar esse chakra.

O plexo solar fica, aproximadamente, na altura do estômago, naquele lugar que o deixa sem ar quando recebe uma pancada. Aí também fica o terceiro chakra, cuja cor é o amarelo. Ele responde por grande parte da sua alegria de viver e também é o seu centro de calor. Quando a gente toma bebida muito gelada, perturba um pouco esse centro energético.

O próximo chakra fica na altura do coração, sua cor é o verde. Corresponde a tudo que tem a ver com o coração, desde o amor e a paixão até a amizade e a compaixão.

Abaixo da pequena depressão da garganta fica o chakra laríngeo. Sua cor, o azul, favorece a comunicação e a troca.

Na testa fica o "terceiro olho", que pode lhe dar clarividência. Corresponde ao roxo.

No alto da cabeça fica o chakra coronal. Dele são a cor branca e temas como a inspiração e a ligação com o plano divino de consciência.

SERES ELEMENTARES

Esse nome designa todos os seres que nos ligam com os elementos ar, fogo, água e terra. Nas diversas tradições, eles têm uma enorme variedade de nomes e formas, que não podemos enumerar aqui por falta de espaço. Por isso, citemos os mais comuns.

Ao ar correspondem as sílfides. Geralmente são apresentadas como gênios aéreos alados, muito transparentes, parecidos com as fadas. Quem entra em contato com elas talvez veja fugazmente alguma coisa ou pode ser que apenas tenha a impressão de que um gênio aéreo acaba de passar, zumbindo e batendo as asas. Estão sempre em movimento — tal como o seu elemento — e, por isso, não são as mais indicadas para os que têm questões pesadas como a terra. Quem já viu a figura de uma fada pode imaginar as sílfides mais ou menos assim. Mas é importante não criar nenhuma imagem exata antes de conversar com os gênios do ar. É possível que, para você, eles pareçam anjos ou simplesmente nuvens. Aguarde a surpresa. Como entrar em contato com eles está na página 58.

Se você tiver preferência pelo fogo, invoque uma salamandra. Mas tenha cuidado, pois a tórrida energia desse ser nem sempre se deixa domar facilmente. Por isso os antigos acreditavam que os grandes incêndios eram provocados pela salamandra. Peça ajuda à energia da salamandra, por exemplo, quando estiver fixado em uma idéia e precisar de um impulso fogoso. Também neste caso, a imagem de um anfíbio não é a única possível, pois podem aparecer como anjos ou simplesmente na forma de chamas. Não se preocupe se você pertencer ao grupo de pessoas que não enxergam logo um filme completo quando estão fazendo um trabalho mágico. Pode seguir em frente mesmo que tenha "apenas" a impressão de que está sentindo a energia do fogo, embora não veja nada. A partir da página 65, há sugestões para entrar em contato com o elemento fogo.

No elemento água 🐾, nós encontramos as ondinas 🐾. Nas histórias da carochinha, são aquelas mulheres malvadas que atraem os jovens ingênuos e os afogam numa lagoa qualquer. Essas "histórias" de antigamente são um tanto exageradas. É óbvio que quem não tomar cuidado não tarda a ficar com água até o pescoço. As ondinas são muito solícitas sobretudo nas coisas relacionadas com os sentimentos, quando a gente está diante de uma decisão importante para o futuro, que não pode ser tomada unicamente com a ajuda da razão. Na página 58, você encontra a explicação de como entrar em contato com elas.

Por último, vêm os espíritos elementais da terra 🐾. São os chamados gnomos 🐾 ou anões 🐾. Mas eles nada têm a ver com os cômicos baixinhos do desenho animado. Quem leu o *Hobbit* encontrou uma descrição bem mais próxima deles, ou seja, dos anões. Também eles se comportam conforme são tratados. Se você os tratar mal e lhes faltar com o devido respeito, receberá o mesmo em troca. Essa é a origem das histórias das travessuras maldosas dos anões ou do azar que eles dão. No entanto, se você tratar bem a Mãe Natureza (que é, por assim dizer, o próprio lar dos gnomos), pode contar com a simpatia dos gênios da terra. A boa vontade genuína vale muito mais do que as promessas vazias ou a iniciativa isolada de fazer uma limpeza num bosque só para agradá-los. O suborno não dá certo com nenhum espírito, seja qual for o seu elemento. Se estiver precisando de um chão firme onde pisar, peça ajuda a esses gênios. O melhor é experimentar o ritual e os exercícios da página 69, caso você esteja particularmente interessado nos seres elementares da terra.

Como já foi dito, sempre vale a pena desenvolver um bom sentimento pelos seres elementares, pois a gente entra em contato com eles em todos os rituais. Ao fechar o seu círculo mágico, você invoca, pela ordem, os espíritos protetores dos quatro pontos cardeais: no Leste, os gênios do ar; no Sul, os do fogo; no Oeste, os da água; e no Norte, os da terra. Ao reabri-lo, você se despede desses seres (também pode invocar arcanjos ou deuses/deusas, se preferir). Mas, num ritual, também é possível trabalhar com um só elemento e, portanto, com um determinado grupo de seres elementares. Os detalhes se encontram nos capítulos correspondentes e nas descrições dos rituais.

LUGAR ENERGÉTICO

Lugar energético é aquele em que você pode se concentrar totalmente nos seus rituais mágicos, meditações e exercícios, sem que nada nem ninguém o atrapalhe. Pode instalar o seu lugar energético no seu próprio quarto, no jardim ou onde você se sentir mais à vontade. Se tiver irmãos menores ou simplesmente não quiser que ninguém veja ou faça desordem no seu lugar energético, transfira-o para uma gaveta, em casa, que você possa trancar à chave.

O importante é ter a possibilidade de refletir, meditar, guardar objetos, preparar e executar rituais tranqüilamente em seu lugar energético. Caso isso seja totalmente impossível em sua casa, procure com os amigos ou as amigas um lugar onde fazerem rituais juntos. Mas nada de ir sozinho a lugares ermos e isolados, que sempre podem ser perigosos. Se quiser fazer algo a sós, peça a um ou a vários amigos que o acompanhem e esperem por perto. Quando não tiver certeza de que determinado lugar é conveniente para a meditação ou a magia, peça conselho a um adulto (um professor, os pais, os padrinhos, os avós ou qualquer outra pessoa que mereça confiança).

A CRUZ

Tal como o pentagrama, a cruz é um antigo símbolo de proteção. Se você tiver interesse em conhecer a origem de certos símbolos e saber como eles foram se modificando no decorrer dos séculos, procure em um dicionário de símbolos, coisa que se encontra em qualquer biblioteca. A *Internet* também oferece informações sobre o tema.

A MEDITAÇÃO

Antes de largar este livro, dizendo que meditação deve ser uma coisa chatíssima, tente fazer um pequeno exercício. Assim você fica sabendo do que se trata e para que serve. Ao meditar, a gente abandona a percepção cotidiana e se abre para o conhecimento e as energias que, normalmente, passariam em brancas nuvens. Há muitos tipos de meditação, e, caso você se interesse por esse tipo de concentração e desenvolvimento pessoal, não faltam livros sobre o tema.

Nos rituais mágicos, é importante estar tranqüilo, atento e inteiro. A meditação ajuda muito.

Acomode-se e feche os olhos. Respire fundo algumas vezes. Então procure observar a sua respiração. Se ouvir algum barulho ou se lhe ocorrerem outros pensamentos, contemple-os com indiferença e deixe-os ir embora. Tudo o que for importante continuará em sua mente depois. Passado algum tempo, retorne, respire fundo mais algumas vezes e mova os dedos das mãos e dos pés para voltar a ficar desperto e presente. E pronto! Você já aprendeu a meditar. Mesmo que, nas primeiras vezes, os pensamentos corram na sua cabeça feito baratas tontas, com o tempo, eles tendem a diminuir, e você passa a se sentir deliciosamente relaxado. Se achar monótono simplesmente ficar sentado, experimente o *tai-chi*. Com isso, você terá não só um pouco de dor nos músculos como também muito equilíbrio e tranqüilidade.

O PENTAGRAMA

O pentagrama é a estrela de cinco pontas: o símbolo *por excelência* dos bruxos. As cinco pontas simbolizam os quatro elementos e o "espírito" que os liga entre si e lhes acrescenta algo.

Você mesmo pode se transformar num pentagrama: basta ficar de pé com as pernas e os braços bem abertos. As mãos, os pés e a cabeça formam as cinco pontas. Experimente e veja como se sente ao fazer um globo luminoso ir passando da sua mão direita para a esquerda, desta para o pé direito, depois para a cabeça, a seguir para o pé esquerdo e então para a mão direita; e assim por diante.

Depois disso, experimente fazer a mesma coisa no sentido oposto, ou seja, começando pela mão esquerda e passando para a direita, depois para o pé esquerdo, para a cabeça, para o pé direito e para a mão esquerda. Com isso você está desenhando um pentagrama com o próprio corpo. Numa direção, a sua energia se tranqüiliza, na outra, carrega-se. Experimente, veja qual a direção de cada uma.

O SATANISMO

É muito comum confundirem rituais mágicos com rituais satânicos. O satanismo surgiu como uma espécie de contramovimento às Igrejas cristãs e nada tem a ver com a antiga religião dos bruxos, mesmo porque nesta não existe diabo (aliás, os chifres e os cascos foram copiados de Herne, o companheiro da Grande Deusa, e do deus grego Pã). A acusação de que as bruxas tinham ligação com o demônio é uma invenção dos que as perseguiam no tempo da caça às bruxas. O satanismo põe literalmente de ponta-cabeça todos os símbolos das outras religiões e troca suas doutrinas pelo seu contrário. Os verdadeiros bruxos não participam dessas cerimônias.

VIAGENS XAMANÍSTICAS

A expressão designa as viagens de transe, nas quais trabalhamos e alteramos, no Outro Mundo, os problemas e as questões do dia-a-dia. Já que nisto é importante saber como, quando e onde entrar em contato, por favor, não tente fazê-lo sozinho. Se lhe interessar, há cursos que ensinam a empreender viagens xamanísticas.

VISUALIZAR (OU MENTALIZAR)

Em todos os rituais, é importante saber visualizar. Isso não significa senão imaginar uma coisa de determinado modo. Talvez seja comparável a um devaneio, só que, ao visualizar ou mentalizar, a gente não fica divagando à toa, mas tem em vista uma coisa bem definida. Imagine, por exemplo, um macaco, sua aparência, sua cor, sua forma e ainda o seu cheiro e o seu gosto. Pronto! você acaba de aprender a mentalizar.

Nos rituais, recorra a essa técnica sempre que se tratar de uma coisa ou situação que você queira invocar. No caso, é importantíssimo ter uma idéia muito clara daquilo que se quer. Convém dar a esse desejo a forma mais simples possível, retendo apenas os detalhes que forem verdadeiramente essenciais. Por exemplo, se você for fazer um feitiço de amor, pouco importa se vai encontrar o seu amor de manhã, de tarde ou de noite. Não perca tempo tentando imaginar os mínimos detalhes de um encontro na discoteca X, onde então tudo há de dar certo.

Igualmente importante é visualizar o seu objetivo já alcançado. Por exemplo, se você quiser emagrecer, não se visualize perdendo quilo por quilo a duras penas, procure ver-se já magro e elegante, sentindo-se maravilhosamente bem.

Às vezes, o Universo toma atalhos nos quais a gente nem chegou a pensar e que levam muito mais depressa à realização do desejo.

Há muitas possibilidades de treinar a mentalização. A mais fácil, além de útil em muitos rituais, consiste em primeiro experimentar visualizar um simples pentagrama. Se lhe parecer muito difícil, há um truque capaz de ajudá-lo: acenda uma vela no escuro e fique olhando fixamente para um ponto à sua frente. Trace um pentagrama com a chama. Deixe a vela de lado e feche os olhos. Então, com o seu olho interior, você verá nitidamente um rasto de fogo em forma de pentagrama. Agora é só tentar desenhá-lo no pensamento.

Bibliografia

ASCHER, Ulrike: *Das Hexeneinmaleins für freche Frauen*. Munique: Hugendubel, 2000.

_____: *Das Liebeseinmaleins für freche Frauen*. Munique: Hugendubel, 2001.

_____: *Hexendiät*. Munique: Heyne, 2002.

ACKER, Louis e SAKOIAN, Frances: *Das grosse Lehrbuch der Astrologie*. Munique: Droemer Knaur, 2000.

BUDAPEST, Zsuzsanna: *Herrin der Dunkelheit, Königin des Lichts. Das praktische Anleitungsbuch für die neuen Hexen*. Friburgo: Bauer, 2000.

CONWAY, D. J.: *Kerzen, Kräuter, Zauberstein. Handbuch für Hexen*. Berna: Scherz, 2001.

CUNNINGHAM, Scott: *Wicca. Einführung in die weiße Magie*. Munique: Ullstein, 2000.

_____: *Das große Buch von Weihrauch, Aromaölen und magischen Rezepturen*. Munique: Goldmann, 2001.

DAVIS, Patricia: *Aromatherapie von A-Z*. Munique: Goldmann, 2002.

GREEN, Marian: *Das geheime Wissen der Hexen*. Munique: Droemer Knaur, 2001.

KEMP, Gillian: *Das Zauberbuch für Frauen*. Berna: Scherz, 1998.

STEIN, Diane: *Reiki-Essenz. Der Wegweiser zu einer alten Heilkunst*. Essen: Synthesis, 1997.